1 Genetische Information

2 Binde- und Stützgewebe

Index

Sebastian Fehlberg

Biochemie Band 4

MEDI-LEARN Skriptenreihe

6., komplett überarbeitete Auflage

MEDI-LEARN Verlag GbR

Autor: Sebastian Fehlberg
Fachlicher Beirat: Timo Brandenburger

Teil 4 des Biochemiepaketes, nur im Paket erhältlich
ISBN-13: 978-3-95658-001-7

Herausgeber:
MEDI-LEARN Verlag GbR
Dorfstraße 57, 24107 Ottendorf
Tel. 0431 78025-0, Fax 0431 78025-262
E-Mail redaktion@medi-learn.de
www.medi-learn.de

Verlagsredaktion:
Dr. Marlies Weier, Dipl.-Oek./Medizin (FH) Désirée Weber, Denise Drdacky, Jens Plasger, Sabine Behnsch, Philipp Dahm, Christine Marx, Florian Pyschny, Christian Weier

Layout und Satz:
Fritz Ramcke, Kristina Junghans, Christian Gottschalk

Grafiken:
Dr. Günter Körtner, Irina Kart, Alexander Dospil, Christine Marx

Illustration:
Daniel Lüdeling

Druck:
A.C. Ehlers Medienproduktion GmbH

6. Auflage 2014
© 2014 MEDI-LEARN Verlag GbR, Marburg

Das vorliegende Werk ist in all seinen Teilen urheberrechtlich geschützt. Alle Rechte sind vorbehalten, insbesondere das Recht der Übersetzung, des Vortrags, der Reproduktion, der Vervielfältigung auf fotomechanischen oder anderen Wegen und Speicherung in elektronischen Medien.
Ungeachtet der Sorgfalt, die auf die Erstellung von Texten und Abbildungen verwendet wurde, können weder Verlag noch Autor oder Herausgeber für mögliche Fehler und deren Folgen eine juristische Verantwortung oder irgendeine Haftung übernehmen.

Wichtiger Hinweis für alle Leser
Die Medizin ist als Naturwissenschaft ständigen Veränderungen und Neuerungen unterworfen. Sowohl die Forschung als auch klinische Erfahrungen führen dazu, dass der Wissensstand ständig erweitert wird. Dies gilt insbesondere für medikamentöse Therapie und andere Behandlungen. Alle Dosierungen oder Applikationen in diesem Buch unterliegen diesen Veränderungen.
Obwohl das MEDI-LEARN Team größte Sorgfalt in Bezug auf die Angabe von Dosierungen oder Applikationen hat walten lassen, kann es hierfür keine Gewähr übernehmen. Jeder Leser ist angehalten, durch genaue Lektüre der Beipackzettel oder Rücksprache mit einem Spezialisten zu überprüfen, ob die Dosierung oder die Applikationsdauer oder -menge zutrifft. Jede Dosierung oder Applikation erfolgt auf eigene Gefahr des Benutzers. Sollten Fehler auffallen, bitten wir dringend darum, uns darüber in Kenntnis zu setzen.

Inhalt

1	Speicherung, Übertragung und Expression genetischer Information 1		1.8.5	Hemmstoffe der Transkription 40
			1.9	Translation 40
			1.9.1	genetischer Code 41
1.1	Grundlagen 1		1.9.2	tRNA 43
1.2	Nukleotide 1		1.9.3	Ribosomen 43
1.2.1	Struktur der Nukleotide 2		1.9.4	Mechanismus der Translation 44
1.2.2	Zucker der Nukleotide 2		1.9.5	Posttranslationale Modifikationen 48
1.2.3	Basen der Nukleotide 2		1.9.6	Hemmstoffe der Translation 51
1.2.4	Biosynthese der Nukleotide 4		1.10	Gentechnologie 57
1.2.5	Abbau der Nukleotide 13		1.10.1	Grundlagen 57
1.2.6	Synthese der Desoxyribosen 15		1.10.2	Restriktionsendonukleasen 57
1.3	Nukleinsäuren 15		1.10.3	PCR (polymerase chain reaction) 57
1.3.1	Struktur der Nukleinsäuren 15		1.10.4	Plasmide 58
1.3.2	Einteilung der Nukleinsäuren 19		1.10.5	Gelelektrophorese 58
1.4	Chromatin 19		1.11	Retroviren 59
1.4.1	Histone 19		1.11.1	Reverse Transkriptase 59
1.4.2	Nukleosomen 20		1.11.2	Protoonkogene und virale Onkogene .. 60
1.5	Zellzyklus und Apoptose 26			
1.6	Replikation der DNA 29		2	Binde- und Stützgewebe 62
1.6.1	Mechanismus der Replikation 29			
1.6.2	Telomere und Telomerase 32		2.1	Extrazelluläre Matrix 62
1.6.3	Hemmstoffe der Replikation 32		2.1.1	Kollagen 62
1.7	Schäden und Reparaturmechanismen der DNA 34		2.1.2	Elastin 66
1.8	Transkription 35		2.1.3	Proteoglykane und Glykosaminoglykane 67
1.8.1	Mechanismus der Transkription 35		2.1.4	Exkurs Keratin 67
1.8.2	Processing der hnRNA 35		2.2	Knorpelgewebe 68
1.8.3	RNA-Polymerasen 37		2.3	Knochengewebe 68
1.8.4	Transkriptionskontrolle 37			

Ein besonderer Berufsstand braucht besondere Finanzberatung.

Als einzige heilberufespezifische Finanz- und Wirtschaftsberatung in Deutschland bieten wir Ihnen seit Jahrzehnten Lösungen und Services auf höchstem Niveau. Immer ausgerichtet an Ihrem ganz besonderen Bedarf – damit Sie den Rücken frei haben für Ihre anspruchsvolle Arbeit.

- Services und Produktlösungen vom Studium bis zur Niederlassung
- Berufliche und private Finanzplanung
- Beratung zu und Vermittlung von Altersvorsorge, Versicherungen, Finanzierungen, Kapitalanlagen
- Niederlassungsplanung & Praxisvermittlung
- Betriebswirtschaftliche Beratung

Lassen Sie sich beraten!
Nähere Informationen und unseren Repräsentanten vor Ort finden Sie im Internet unter www.aerzte-finanz.de

Deutsche Ärzte Finanz

Standesgemäße Finanz- und Wirtschaftsberatung

1 Speicherung, Übertragung und Expression genetischer Information

Fragen in den letzten 10 Examen: 110

Die Molekulargenetik ist sicherlich eines der spannendsten Gebiete der Biochemie. Sie beschäftigt sich mit der Speicherung, Übertragung und Expression genetischer Information und ist gerade in den letzten Jahren zunehmend in das Bewusstsein einer breiten Öffentlichkeit gerückt. Das Klonschaf Dolly, der genetische Fingerabdruck und die Gentherapie sind nur einige Schlagwörter, die die Vielfalt dieses Stoffgebiets vor Augen führen. Die strikte Ausrichtung dieser Reihe auf die Physikums-Relevanz lässt jedoch glücklicherweise die manchmal endlos erscheinenden Synthesewege auf einige wenige Fakten zusammenschrumpfen. Fakten, die dann aber mit großer Regelmäßigkeit gefragt werden und deren Lernen, Verstehen und Anwenden im Physikum mit Punkten belohnt wird.

Im ersten Kapitel wird dir das für die Prüfung wesentliche Wissen über die Erbinformation des Menschen vorgestellt. Im Einzelnen geht es um ihren Aufbau, wie sie für Aminosäuren codiert, sich für die Zellteilung verdoppelt (repliziert), in RNA umgeschrieben (transkribiert) und schließlich in Proteine übersetzt (translatiert) wird. Der darauf folgende Abschnitt befasst sich mit den prüfungsrelevanten Fakten zu gentechnischen Methoden und Viren. Das zweite Kapitel hat das Thema Binde- und Stützgewebe, wobei hier der Schwerpunkt auf der Synthese des Kollagens liegt. Komplettiert wird dieses Skript durch einen Exkurs zum Vitamin Folsäure, das z. B. für die Synthese der Nukleotide benötigt wird und durch einen Exkurs zum Vitamin C, das unter anderem für die Biosynthese des Kollagens unerlässlich ist.

1.1 Grundlagen

Die DNA (Desoxyribonukleinsäure) ist die Speicherform der Erbinformation. Sie besteht aus einer Doppelkette von vier verschiedenen Nukleotiden und wird im Zellkern gelagert. Um die Erbinformation bei einer Zellteilung von einer Zellgeneration auf die nächste zu übertragen, wird die DNA verdoppelt (repliziert) und gleichmäßig auf die neu entstehenden Zellen verteilt. Die Abfolge der Nukleotide in einem DNA-Strang codiert für Aminosäureketten, wobei je drei Nukleotide für eine Aminosäure codieren. Im menschlichen Körper gibt es 21 proteinogene Aminosäuren, die zum Teil mehrere Kodierungsmöglichkeiten pro Aminosäure besitzen (s. 1.9.1, S. 41). Die Gesamtheit der Kodierungsmöglichkeiten für Aminosäuren nennt man den genetischen Code. Um Proteine herzustellen, muss als erstes die Speicherform der Erbinformation – die DNA – in die Transportform, die RNA (Ribonukleinsäure), umgeschrieben werden. Dazu wird im Zellkern durch Transkription der DNA die mRNA (messenger RNA) synthetisiert und zur Proteinsynthese an Ribosomen – der Translation – in das Zytoplasma transferiert.

Um diese Vorgänge zu verstehen, solltest du dich als erstes mit den Bestandteilen der DNA vertraut machen: Wie ist sie strukturiert? Wie wird sie synthetisiert? Und wie erfüllt sie ihre Funktionen? Erst nachdem diese Fragen beantwortet sind, werden hier die Replikation, Transkription und Translation vorgestellt.

1.2 Nukleotide

Siehst du dir den menschlichen Stoffwechsel etwas genauer an, kannst du feststellen, dass Nukleotide in fast allen Stoffwechselwegen vertreten sind und dort wichtige Funktionen übernehmen. Sie sind zum Beispiel:
- aktivierte Vorstufen der DNA- und RNA-Synthese,
- Zwischenprodukte bei vielen anderen Synthesen (z. B. UDP-Glucose, CDP-Diacylglycerin, S-Adenosylmethionin),

1 Speicherung, Übertragung und Expression genetischer Informationen

- wichtige Energiequellen (ATP und GTP),
- wichtige Coenzyme als Adeninnukleotide (NAD$^+$, NADP$^+$, FAD und Coenzym A) und
- wichtige Komponenten der Signalübertragung in Körperzellen (cAMP und cGMP).

> **Merke!**
> - Eine **Esterbindung** wird aus einer Alkohol-Gruppe (OH-Gruppe) und einer Säure-Gruppe gebildet und ist (relativ) energiearm.
> - Eine **Säureanhydridbindung** wird aus zwei Säure-Gruppen gebildet und ist energiereich.

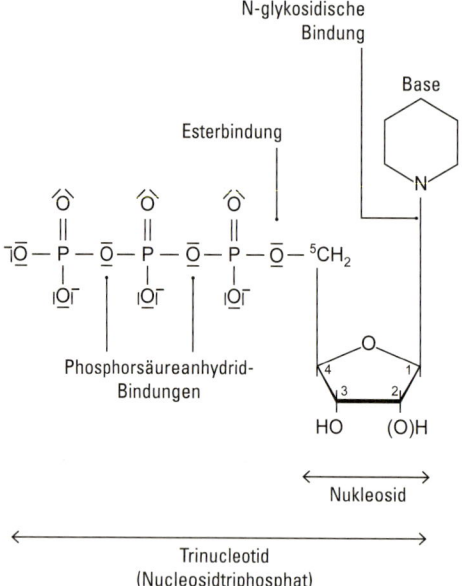

Abb. 1: Struktur der Nukleotide

medi-learn.de/6-bc4-1

1.2.1 Struktur der Nukleotide

Nukleotide sind aufgebaut aus einer Base, einem Zucker und einem Phosphat-Rest. Ist nur die Base an einen Zucker gebunden, so liegt ein **Nukleosid** vor, das dann durch Anknüpfung eines Phosphat-Rests zum **Nukleotid** wird.
Sehr gerne wird im Physikum nach den Bindungen im Nukleotid-Molekül gefragt:
- Die Base ist über eine **N-glykosidische Bindung** an das erste Kohlenstoff-Atom (C1-Atom) des Zuckers gebunden.
- Die Bindung zwischen dem fünften Kohlenstoffatom des Zuckers und dem Phosphat-Rest ist eine **Esterbindung**.
- Zwischen den Phosphat-Resten befinden sich energiereiche **Phosphorsäureanhydrid-Bindungen**, deren Spaltung Energie für andere Reaktionen liefert.

1.2.2 Zucker der Nukleotide

Nukleotide besitzen Pentosen, also Zucker mit fünf Kohlenstoff-Atomen. Dabei werden zwei verschiedene Pentosen benutzt: die Ribose und die Desoxyribose. Den Unterschied macht das zweite Kohlenstoffatom des Zuckers aus: Befindet sich hier eine OH-Gruppe, spricht man von einer Ribose. Ist die OH-Gruppe durch einen H-Rest ersetzt spricht man von einer Desoxyribose. Passend zum Namen werden die Ribosen zum Aufbau der RNA und die Desoxyribosen für die DNA benötigt.

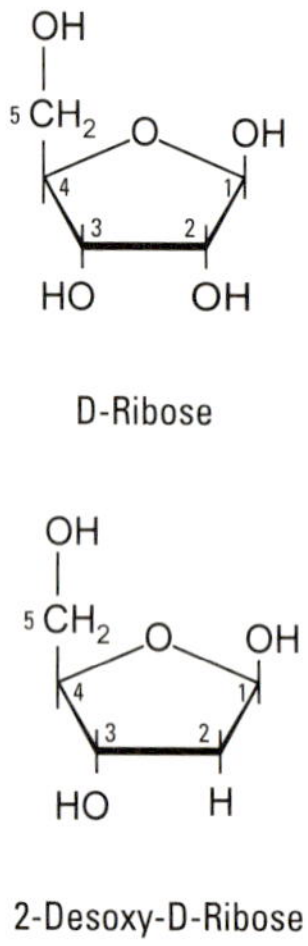

D-Ribose

2-Desoxy-D-Ribose

Abb. 2: Ribose und Desoxyribose

medi-learn.de/6-bc4-2

1.2.3 Basen der Nukleotide

Prinzipiell werden zwei verschiedene Basen-Typen unterschieden: Basen, die sich vom **Pyrimidin** ableiten und solche, die eine **Purin**-Grundstruktur besitzen. Es lohnt sich, hier etwas zu verweilen und ein Augenmerk auf die

1.2.3 Basen der Nukleotide

Pyrimidin- und Purin-Derivate zu richten, da in den Physikumsfragen sehr gern die einzelnen Basen vertauscht werden und die richtige Zuordnung erkannt werden muss.

> **Merke!**
>
> – Pyrimidinderivate sind über ihr N1-Atom, Purinderivate über ihr N9-Atom mit dem C1-Atom der Ribose verknüpft.

– Die Summenformel der Purin-Base Adenin entspricht fünf Molekülen Cyanwasserstoff, also H-C≡N.

Übrigens ...
5-Methylcytosin wird auch als die fünfte DNA-Base der Eukaryonten bezeichnet und wird nach der DNA-Verdopplung durch Hinzufügen einer Methylgruppe (-CH$_3$) am 5. C-Atom des Cytosin gebildet. Als methyliertes Cytosin ist es in der CpG-Sequenz eines Promotors an der Stilllegung (Abschaltung) von Genabschnitten beteiligt (s. 1.8.4, S. 37).

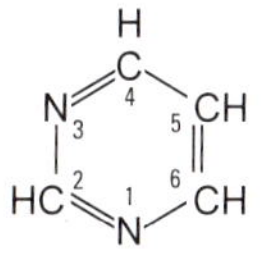

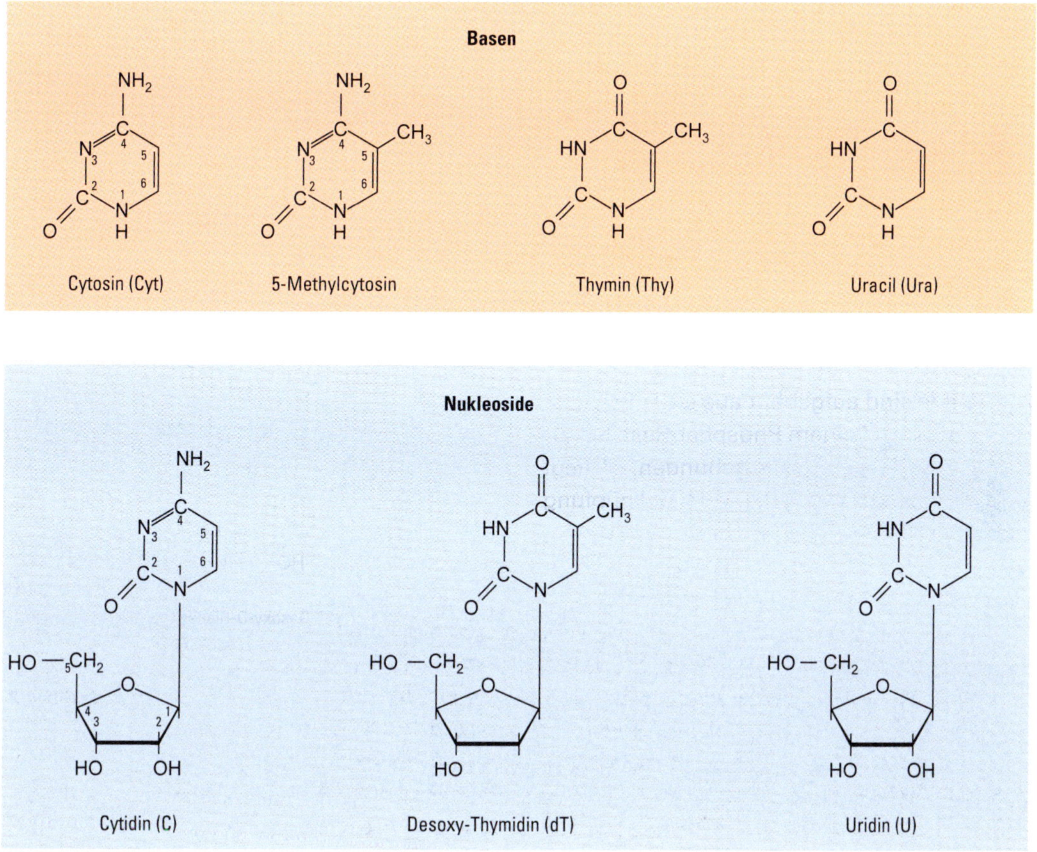

Abb. 3 a: Pyrimidinderivate

medi-learn.de/6-bc4-3a

1 Speicherung, Übertragung und Expression genetischer Informationen

5-Methylcytosin kann leicht zu Thymin desaminiert (Ammoniakabspaltung) werden und spielt eine wichtige Rolle in der Epigenetik – der Weitergabe von Zelleigenschaften auf die Tochterzelle die NICHT in der DNA-Sequenz (dem Genotyp) festgelegt sind.

1.2.4 Biosynthese der Nukleotide

Die Synthese der Basen-Ringe der Nukleotide ist ein sehr komplexer Vorgang, der im Physikum gefragt wird; aber glücklicherweise nur auszugsweise.

Purin

Purinderivate

Basen

Adenin (Ade) — Guanin (Gua) — Hypoxanthin (Hyp)

Nukleoside

Adenosin (A) — Guanosin (G) — Inosin (I)

Abb. 3 b: Purinderivate

medi-learn.de/6-bc4-3b

1.2.4 Biosynthese der Nukleotide

Synthese von PRPP

Der erste Schritt zur Synthese der Nukleotide ist die Bereitstellung der aktivierten Form der Zucker. Hierzu liefert der **Pentosephosphatweg** das α-D-Ribose-5-Phosphat, das nun atypisch durch ATP phosphoryliert wird. Es entsteht α-5-Phosphoribosyl-1-Pyrophosphat oder kurz PRPP.

> **Merke!**
>
> PRPP entsteht durch atypische Phosphorylierung von α-D-Ribose-5-Phosphat am ersten Kohlenstoff-Atom (normalerweise am C5-Atom).

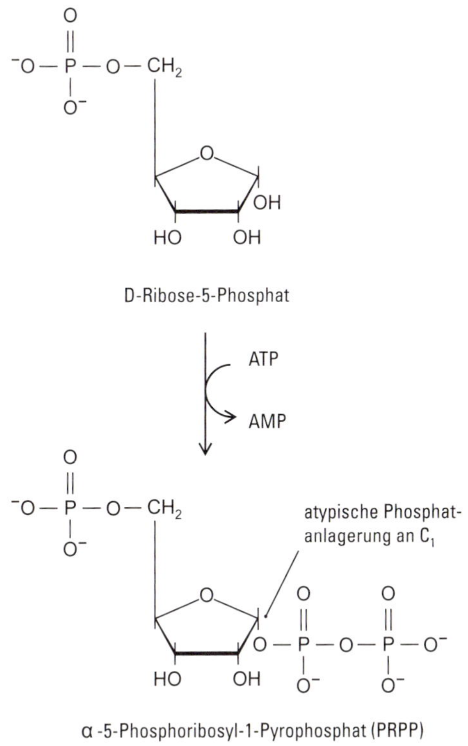

Abb. 4: PRPP *medi-learn.de/6-bc4-4*

Synthese der Pyrimidin-Basen

Der genaue Ablauf ist in der Vergangenheit im Physikum nicht gefragt worden. Vielmehr fokussierten sich die Fragen auf einige Eckpunkte der Synthese (s. Abb. 7, S. 7 und Abb. 8, S. 8).
Wichtig zu wissen ist aber, dass die Zuckerkomponente – das PRPP – erst in der Mitte der Synthese in die Reaktion eintritt, nachdem vorher der komplette Pyrimidin-Basenring synthetisiert wurde. Doch nun der Reihe nach:
Die Synthese der Pyrimidin-Basen erfolgt schrittweise über das relevante Zwischenprodukt **UMP** (Uridinmonophosphat) und erzeugt als Endprodukt die beiden Nukleotide **CTP** (Cytidintriphosphat) und **dTMP** (Desoxy-Thymidinmonophosphat).
Möchtest du die Synthese der Pyrimidin-Basen verstehen, so beginnst du am besten bei der Bildung der Ausgangsstoffe für diesen Syntheseweg. Als erstes wird die energiereiche Verbindung **Carbamoylphosphat** aus Hydrogencarbonat und Glutamin synthetisiert.
Diese Reaktion wird vom Enzym **Carbamoylphosphat-Synthetase II** katalysiert, das eine energiereiche **Säureanhydridbindung** aufbaut. Die Carbamoylphosphat-Synthetase II ist ein ziemlich wichtiges Enzym, da im Examen gerne die dort ablaufenden Regulationsvorgänge gefragt werden: Es wird allosterisch aktiviert durch die aktivierte Form des Zuckers, dem Phosphoribosyl-1-Pyrophosphat (PRPP). Durch das Zwischenprodukt Uridintriphosphat wird es allosterisch gehemmt.
Diese Reaktion läuft im **Zytoplasma** ab und unterscheidet sich von der Reaktion, die von der mitochondrialen Carbamoylphosphat-Synthetase I im Harnstoffzyklus katalysiert wird.
Carbamoylphosphat reagiert zunächst mit Aspartat zu Carbamoylaspartat, dann weiter zu Dihydroorotat und schließlich zum **Orotat**. Erst jetzt tritt das PRPP in die Reaktion ein und es entsteht das Nukleotid OMP (Orotidinmonophosphat). OMP wird zum relevanten Zwischenprodukt UMP (Uridinmonophosphat) decarboxyliert (CO_2-Abspaltung, s. Abb. 7, S. 7).

1 Speicherung, Übertragung und Expression genetischer Informationen

Übrigens ...
Teriflunomid, der aktive Metabolit des Immunsuppressivum **Leflunomid**, hemmt das Enzym **Dihydroorotat-Dehydrogenase** und somit die Umwandlung von Dihydroorotat zu Orotat. Eingesetzt wird Leflunomid als Basistherapeutikum in der Behandlung von rheumatischen Erkrankungen.

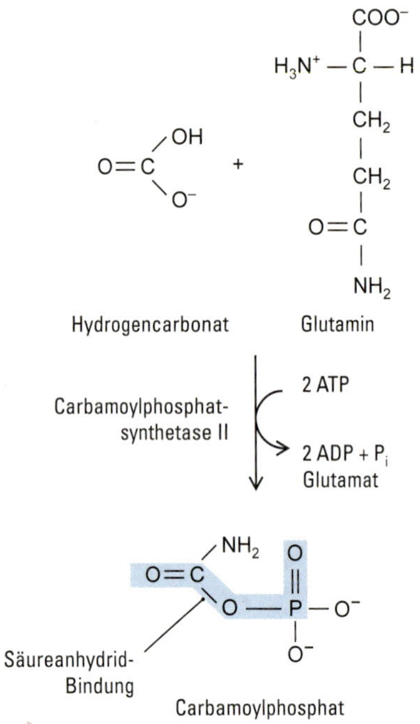

Abb. 5: Synthese von Carbamoylphosphat
medi-learn.de/6-bc4-5

Merke!

Die Atome des Pyrimidin-Rings stammen von Carbamoylphosphat und von Aspartat.

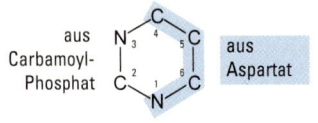

Abb. 6: Atomherkunft der Pyrimidine
medi-learn.de/6-bc4-6

Aus dem Zwischenprodukt **UMP** kann jetzt entweder **CTP** oder **dTMP** synthetisiert werden:
- Um **CTP** herzustellen, muss UMP über UDP zu UTP phosphoryliert werden. Danach katalysiert die **ATP-abhängige CTP-Synthetase** die Herstellung von CTP.
- Um **dTMP** herzustellen, sind umfangreichere Schritte notwendig. Als erstes wird UMP zu dUMP umgewandelt. Es wird also die Desoxyform der Pentose – die Desoxyribose – hergestellt, eine Reaktion, die später noch einmal genauer betrachtet wird (s. 1.2.6, S. 15). Danach katalysiert die **Thymidylat-Synthase** die Anknüpfung einer Kohlenstoff-Einheit an den Pyrimidin-Ring. Als Kohlenstofflieferant ist an dieser Reaktion das Vitamin **Folsäure** (s. Abb. 10, S. 10) beteiligt. Hierbei wird von Methylen-Tetrahydrofolat die Methylen-Gruppe auf dUMP übertragen. Es entstehen als Produkte das dTMP und die verbrauchte inaktive Form der Folsäure – das Dihydrofolat (s. Abb. 8, S. 8).

Merke!

- UMP → dUMP → dTMP
- UMP → UDP → UTP → CTP

Die Reaktion zur Herstellung von dTMP wird sehr gern im Physikum gefragt, da sie klinisch relevant ist. Aus diesem Grund wird sie hier noch einmal näher betrachtet.
Die Folsäure ist als Vitamin für den menschlichen Körper sehr wertvoll und unterliegt einem Recyclingprozess. Die inaktive Form der Folsäure – das Dihydrofolat – wird durch die Dihydrofolat-Reduktase zum aktiven Tetrahydrofolat umgewandelt. Aktive Form deshalb, weil nur an Tetrahydrofolat eine Kohlenstoff-Einheit angeknüpft werden kann. In diesem Fall stammt die Kohlenstoff-Einheit vom Serin, welches dann zum Glycin umgewandelt wird und der Kohlenstoff-Donator **Methylen-Tetrahydrofolat** entsteht. Methylen-Tetrahydrofolat überträgt dann eine Kohlenstoff-Einheit – die Methylen-Gruppe – auf dUMP und es entsteht dTMP.

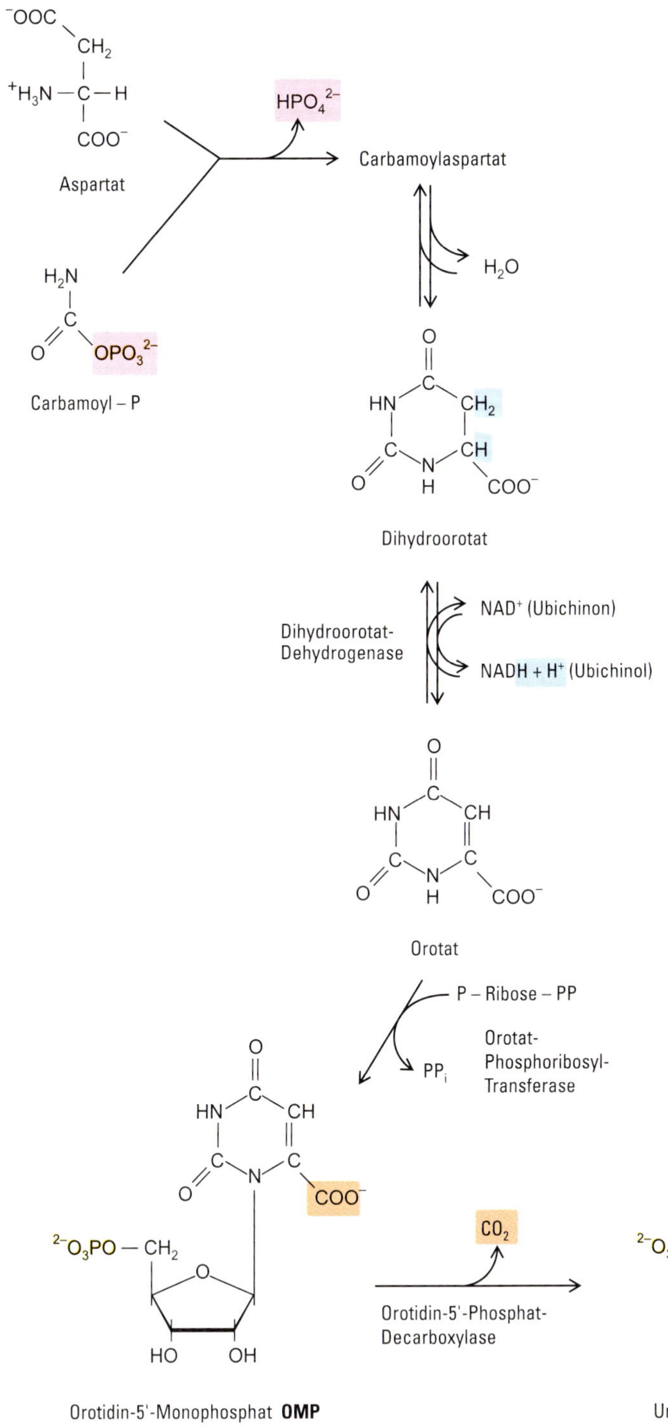

1.2.4 Biosynthese der Nukleotide

Abb. 7: Synthese der Pyrimidine bis UMP

medi-learn.de/6-bc4-7

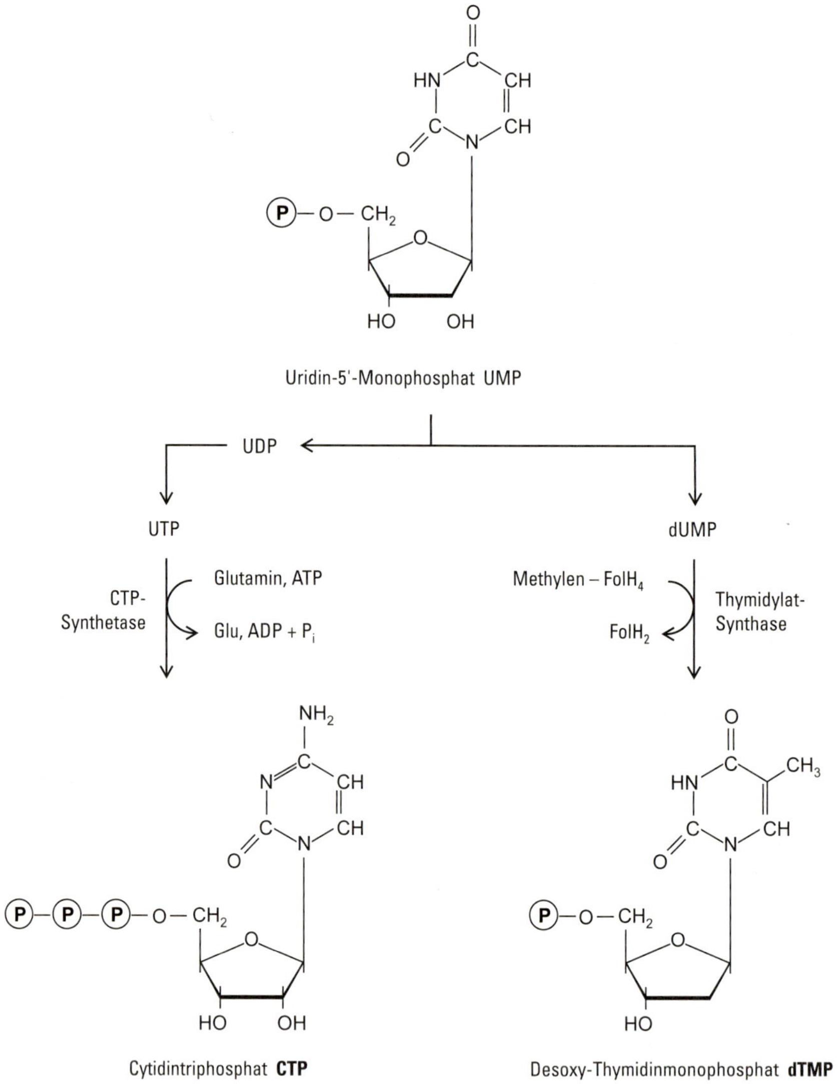

1 Speicherung, Übertragung und Expression genetischer Informationen

Abb. 8: UMP bis CTP und dTMP; verkürzter Weg

medi-learn.de/6-bc4-8

Somit kann man festhalten, dass am letzten Schritt der Synthese von dTMP zwei wichtige Enzyme beteiligt sind:
- Die **direkt** wirkende Thymidylat-Synthase und
- die **indirekt** wirkende Dihydrofolat-Reduktase.

Beide Enzyme können gehemmt werden und führen dann zu einer **Inhibierung der Synthese von dTMP** (s. Abb. 9, S. 9):
- Die Thymidylat-Synthase wird durch **Fluoruracil** (5FU) gehemmt und
- die Dihydrofolat-Reduktase durch **Aminopterin** und **Methotrexat** (MTX).

1.2.4 Biosynthese der Nukleotide

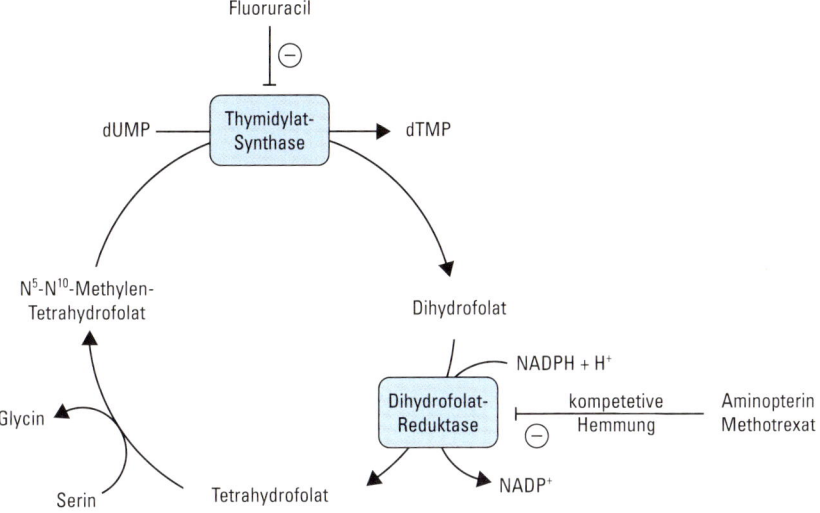

Abb. 9: Hemmung der Pyrimidinbasen-Synthese

medi-learn.de/6-bc4-9

Übrigens …
Bei Tumorerkrankungen – z. B. sich schnell ausbreitenden, akuten Leukämien – kann man versuchen, durch Chemotherapien eine Heilung zu erreichen. Diese Tumorzellen teilen sich sehr schnell, d. h., dass sie ihre DNA sehr schnell verdoppeln. Werden Chemotherapeutika wie **Fluoruracil, Aminopterin** oder **Methotrexat** gegeben, die die Herstellung des Nukleotids **dTMP** inhibieren und somit die Zellteilung verlangsamen, gibt dies dem menschlichen Immunsystem die Chance, gegen die Tumorzellen anzukämpfen.

Exkurs Folsäure

Das Vitamin Folsäure ist aufgebaut aus einem Pteridinring, p-Aminobenzoesäure und einem Glutamatrest. Der menschliche Körper kann den Pteridinring nicht synthetisieren und muss daher Folsäure aus pflanzlicher Nahrung oder von Darmbakterien produziert aufnehmen. Tetrahydrofolat ist die aktive Form der Folsäure und wird im menschlichen Körper als Kohlenstoff-Donator bei einer Vielzahl von Reaktionen verwendet.

Einige Reaktionen werden immer wieder im Physikum gefragt und sind daher hier aufgelistet:

Tetrahydrofolat

– liefert die Methylgruppe von Thymin im dTMP bei der Pyrimidinbasen-Synthese,
– liefert C2 und C8 für die Purinbasen-Synthese,
– liefert eine Formylgruppe für N-Formyl-Methionin,
– sorgt für die Methylierung von Homocystein zu Methionin,
– sorgt für die Methylierung von Glycin zu Serin,
– ist notwendig für den Abbau von Histidin.

Der Folsäure-Stoffwechsel kann gehemmt werden, indem die Dihydrofolat-Reduktase durch **Aminopterin** und **Methotrexat** blockiert wird, oder **5-Fluoruracil** die Thymidylat-Synthase hemmt und somit dUMP nicht zu dTMP umgewandelt werden kann. Dies ist ein Mechanismus, der bereits für die Synthese der Pyrimidinbasen beschrieben wurde (s. Abb. 9, S. 9). Es kann aber auch die Synthese der Folsäure in den Darmbakterien gehemmt werden, indem das Antibiotikum **Sulfonamid** verabreicht wird.

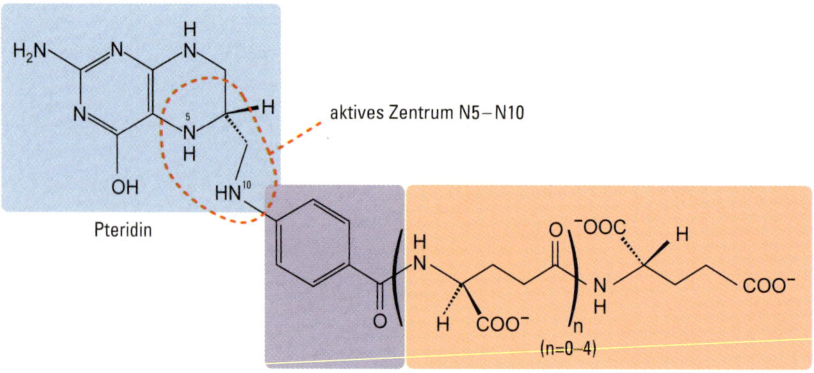

1 Speicherung, Übertragung und Expression genetischer Informationen

Abb. 10: Struktur Tetrahydrofolsäure

medi-learn.de/6-bc4-10

Übrigens ...
- Ein Mangel an Folsäure kann zu **Anämie** und **Immunschwächen** führen.
- Ein Folsäuremangel in der Schwangerschaft kann **Neuralrohrdefekte** des Kindes nach sich ziehen.

Synthese der Purin-Basen

Die Synthese der Purin-Basen erfolgt schrittweise über das relevante Zwischenprodukt **IMP** (Inosinmonophosphat) und erzeugt als Endprodukt die beiden Nukleotide **AMP** (Adenosinmonophosphat) und **GMP** (Guanosinmonophosphat).

Als einer der großen Unterschiede zur Synthese der Pyrimidin-Basen kann festgehalten werden, dass sich die Synthese des Basenrings der Purine direkt am Zucker – dem PRPP – vollzieht. Im ersten Schritt der Synthese wird eine Amino-Gruppe (-NH_2) vom Glutamin an das PRPP gebunden und es entsteht **5-Phosphoribosylamin**. Eine Verbindung, die man sich merken sollte, denn diese Reaktion ist die einleitende Schrittmacherreaktion der Purinbasen-Synthese. Sie wird vom Enzym Glutamin-Phosphoribosyl-Amidotransferase (Schrittmacherenzym) katalysiert.

In weiteren – noch nicht im Physikum abgefragten – Schritten erfolgen der Aufbau des Purinring-Systems und die Synthese der relevanten Zwischensubstanz **IMP**. Aus IMP kann dann, katalysiert durch das Enzym Inosinmonophosphat-Dehydrogenase, über XMP (Xanthosinmonophosphat) das GMP synthetisiert werden. Das Endprodukt AMP wird über die Zwischenstufe Adenylosuccinat aus IMP hergestellt.

Merke!
- IMP → AMP
- IMP → XMP → GMP

Übrigens ...
Zur Prophylaxe von Abstoßungsreaktionen nach allogener Nierentransplantation wird ein Hemmstoff der Inosinmonophosphat-Dehydrogenase eingesetzt, wodurch weniger GMP aus IMP gebildet wird.

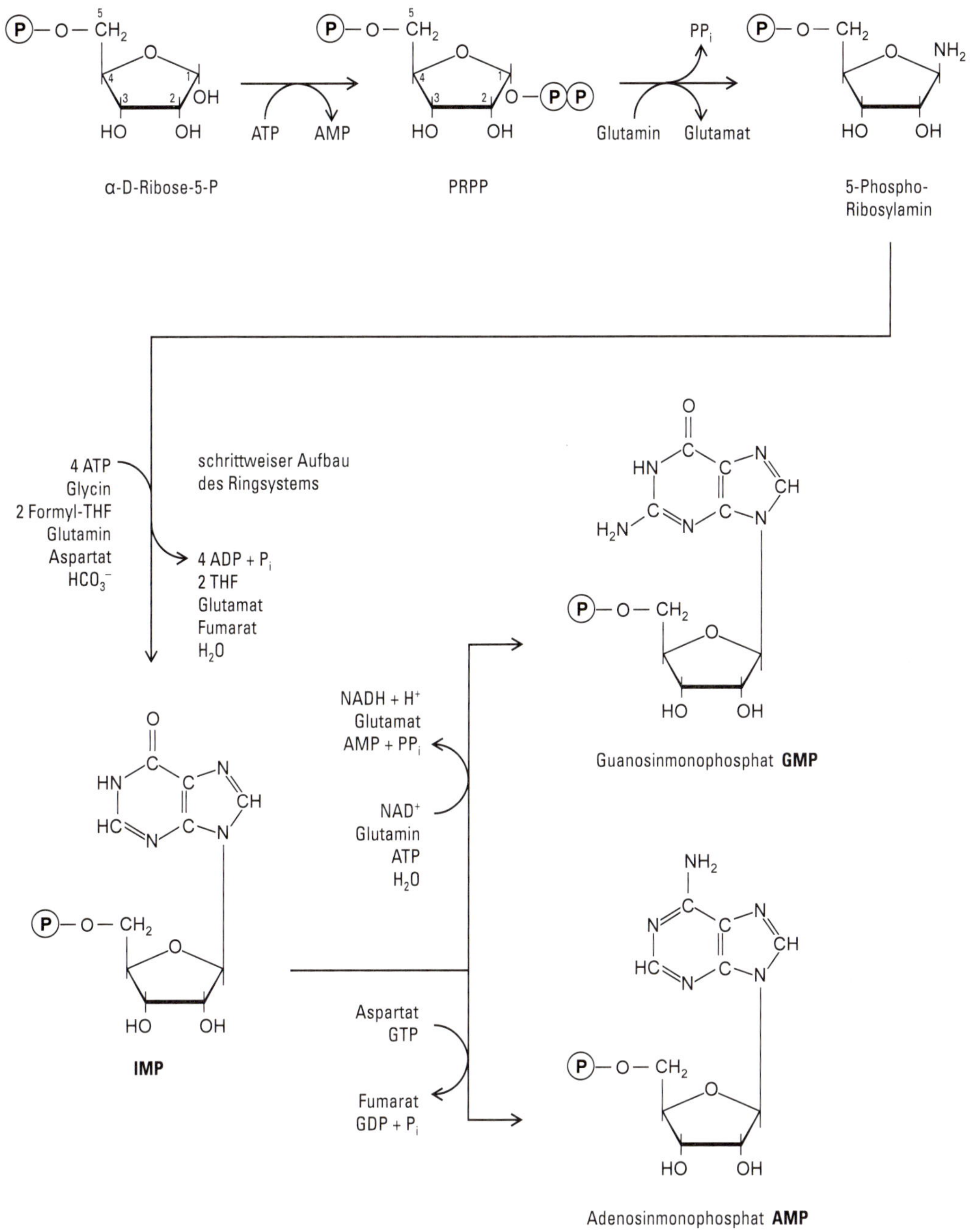

1.2.4 Biosynthese der Nukleotide

Abb. 11: Kurzer Weg der Purinbasen-Synthese medi-learn.de/6-bc4-11

1 Speicherung, Übertragung und Expression genetischer Informationen

Zu diesem Thema werden gerne Fragen nach der Herkunft der C- und N-Atome des Rings gestellt. Du solltest dir daher merken, dass die **Atome des Purinbasen-Rings** aus folgenden Substanzen stammen:
- Aspartat
- zwei Formyl-Tetrahydrofolat
- CO_2
- Glycin
- zwei Glutamin

Die **Stickstoff-Donatoren** für die Synthese des Purinrings sind:
- Aspartat
- Glycin
- zwei Glutamin

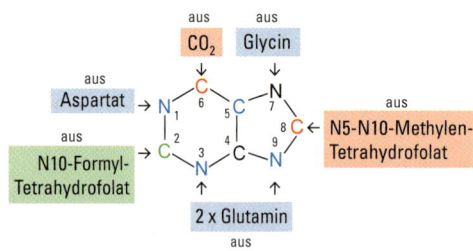

Abb. 12: Atomherkunft der Purinbasen

medi-learn.de/6-bc4-12

Recyclingsystem (salvage-pathway) der Purinbasen

Ein weiteres wichtiges Unterscheidungsmerkmal zwischen Purinen und Pyrimidinen ist die Möglichkeit des Recyclings, also der Wiederverwertung.

> **Merke!**
>
> Recyclingsysteme sind nur für Purinbasen bekannt.

Purine, die als Nukleinsäuren mit der Nahrung aufgenommen werden oder beim intrazellulären Abbau anfallen, werden zu 90 % wiederverwertet und nur zu 10 % abgebaut.
Dabei gibt es ein Recyclingsystem für Adenin und eines für Guanin:
- Adenin wird mit PRPP zu AMP (Adenosinmonophosphat) umgewandelt: Enzym = Adeninphosphoribosyltransferase.
- Guanin wird mit PRPP zu GMP (Guanosinmonophosphat) umgewandelt: Enzym = Hypoxanthin-Guanin-Phosphoribosyltransferase (HGPRT).

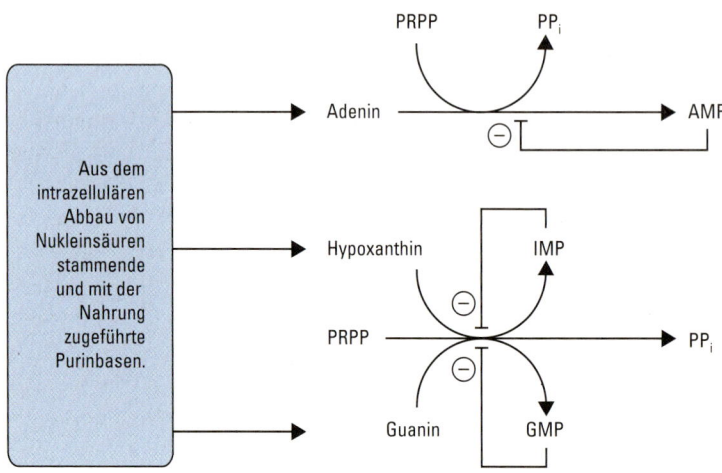

Abb. 13: Salvage Pathway

medi-learn.de/6-bc4-13

1.2.5 Abbau der Nukleotide

> **Übrigens ...**
> Dieses Enzym mit dem unglaublichen Namen Hypoxanthin-Guanin-Phosphoribosyltransferase wandelt auch Hypoxanthin in IMP (Inosinmonophosphat) um und war bislang ein Physikums-Dauerbrenner. Das angeborene völlige Fehlen der Hypoxanthin-Guanin-Phosphoribosyltransferase führt durch Überproduktion von Harnsäure und PRPP zu einer verheerenden Erkrankung – dem Lesch-Nyhan-Syndrom. Dies ist eine Erkrankung mit geistiger Behinderung und zwanghaftem Hang zur Selbstzerstörung, bei der Kinder im Alter von zwei bis drei Jahren ihre Finger und Lippen annagen und sie abkauen, wenn sie nicht daran gehindert werden.

1.2.5 Abbau der Nukleotide

Der Abbau und die Ausscheidung der Nukleotide sind klinisch sehr wichtige Vorgänge und sicherlich auch deshalb ein so beliebtes Thema im Physikum.
Im ersten Schritt des Abbaus werden die DNA- und RNA-Stränge durch DNasen (Desoxyribonukleasen) und RNasen (Ribonukleasen) in Nukleotide gespalten und den einzelnen Abbausystemen zugeführt. Diese Abbausysteme befinden sich vor allem in der **Leber**.

Abbau der Pyrimidin-Basen

Die Pyrimidinbasen **Cytosin**, **Uracil** und **Thymin** werden vollständig abgebaut. Es entstehen beim Abbau keine Stoffe, die für die Pyrimidinbasen-Synthese verwendet werden können. Die Zelle muss somit jede Pyrimidin-Base energieaufwändig neu synthetisieren.

Abbau der Purin-Basen

Spannender ist da schon der Abbau der Purinbasen-Nukleotide **Adenosin**, **Inosin** und **Guanosin**. Hierbei werden zwei Abbauwege unterschieden, die aber beide zum gemeinsamen Zwischenprodukt **Xanthin** führen, um daraus dann das Ausscheidungsprodukt **Harnsäure** zu bilden:

1. **Adenosin** wird im ersten Schritt des Abbaus zu Inosin umgewandelt. Diese Umwandlung erfolgt durch eine Desaminierung, also die Abspaltung von NH_3 durch das Enzym Adenosindesaminase. Vom Nukleosid Inosin wird dann die Purinbase **Hypoxanthin** abgespalten. Eine Reaktion, die von der **Nukleosidphosphorylase** unter Spaltung der N-glykosidischen Bindung ausgeführt wird. Aus Hypoxanthin wird schließlich unter physiologischen Bedingungen durch die **Xanthindehydrogenase** das gemeinsame Zwischenprodukt **Xanthin** synthetisiert.

2. **Guanosin** wird ebenfalls durch die **Nukleosidphosphorylase** an der N-glykosidischen Bindung gespalten und die Purinbase **Guanin** freigesetzt. Guanin wird desaminiert und es entsteht ebenfalls das gemeinsame Zwischenprodukt **Xanthin**.

Xanthin entsteht somit aus dem Abbau der Purinbasen Adenin, Inosin und Guanin. Als Zwischenprodukt wird es dann unter physiologischen Bedingungen noch weiter durch das Enzym **Xanthindehydrogenase** in **Harnsäure** umgewandelt. Unter pathologischen Bedingungen mit Sauerstoffmangel, Aufbrauch der ATP und Anstieg der Hypoxanthin-Konzentration kann das Enzym Xanthindehydrogenase in die Enzymvariante Xanthinoxidase umgewandelt werden. Eine Besonderheit der Xanthinoxidase ist die Verwendung von O_2 an Stelle des verbrauchten NAD^+. Es entstehen schädliche freie Sauerstoffradikale O_2^-, die durch die Superoxiddismutase in H_2O_2 umgewandelt werden müssen. Die Harnsäure ist bei Primaten das Endprodukt des Purinbasen-Abbaus und wird im Harn ausgeschieden. Bei den anderen Säugetieren wird die anfallende Harnsäure in das besser wasserlösliche Allantoin überführt.

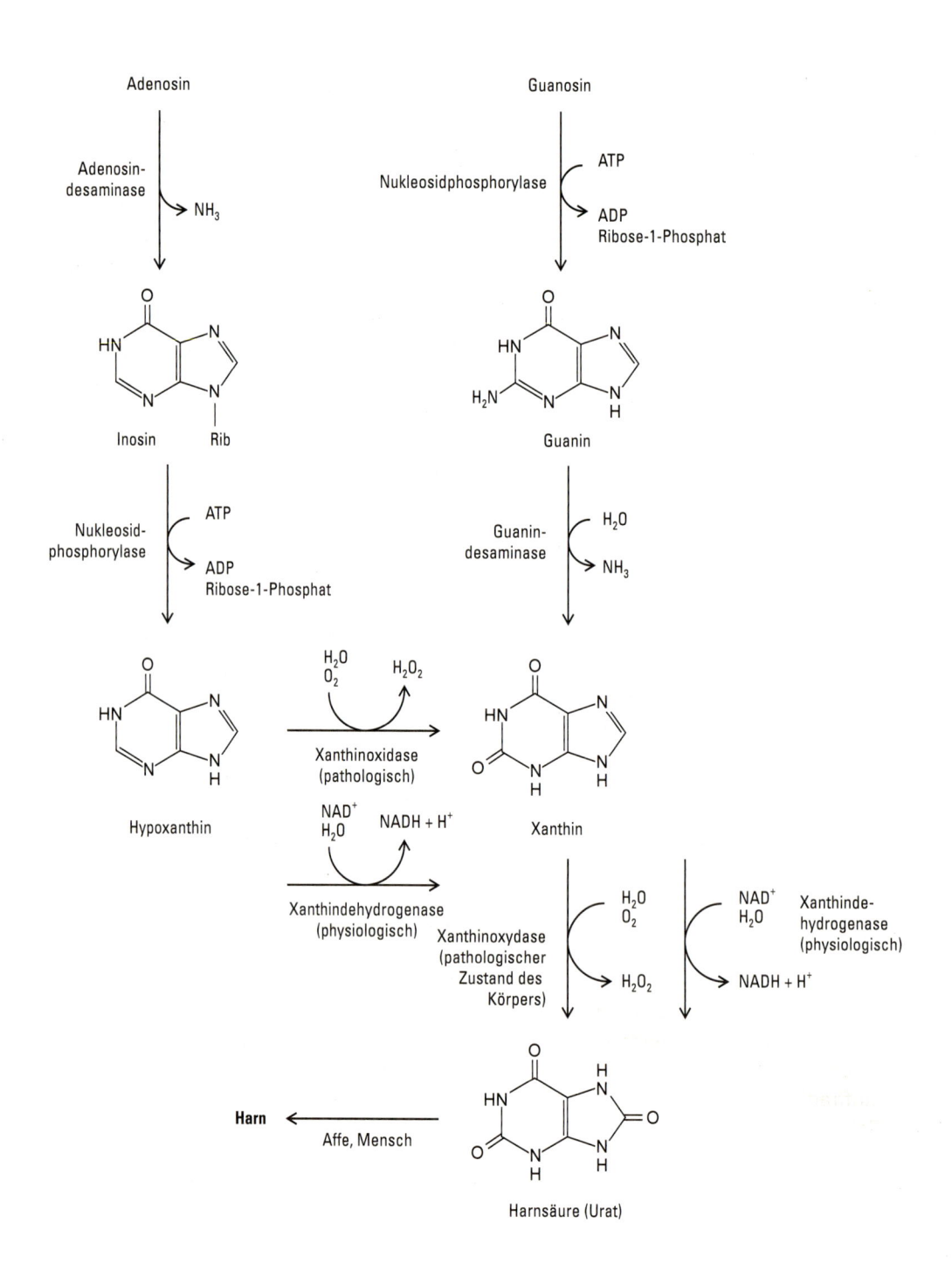

1 Speicherung, Übertragung und Expression genetischer Informationen

Abb. 14: Abbau der Purinbasen

medi-learn.de/6-bc4-14

Merke!

Die Enzymvarianten Xanthindehydrogenase und Xanthinoxidase katalysieren zwei Umwandlungsschritte beim Abbau der Purinbasen:
- die Umwandlung von Hypoxanthin zu Xanthin und
- die Umwandlung von Xanthin zu Harnsäure.

Durch die Arbeit der unter pathologischen Bedingungen gebildeten Xanthinoxidase entsteht bei jeder Reaktion ein freies Radikal O_2^-, das durch die Superoxiddismutase in H_2O_2 umgewandelt wird.

Übrigens ...

Im menschlichen Blut liegt eine sehr hohe Konzentration der schlecht wasserlöslichen Harnsäure vor. Wird diese überschritten (**Hyperurikämie**), dann fallen **Harnsäurekristalle** aus, die sich in Gelenken ablagern können und dann das Bild einer Gicht mit Gelenkschmerzen und Gelenkdestruktionen erzeugen. Therapeutisch kann in einem solchen Fall das Enzym Xanthinoxidase durch den Stoff **Allopurinol** gehemmt werden. Dabei kommt es zur **Xanthinurie** (Ausscheidung der besser wasserlöslichen Stoffe Hypoxanthin und Xanthin) und die Symptome einer Gicht können sich bessern, da weniger Harnsäure gebildet wird. Als Perfusionsschäden werden die pathologischen Zustände nach Revaskularisierung eines über längere Zeit verschlossenen Blutgefäßes beschrieben. Durch die entstehende Xanthinoxidase werden schädliche Sauerstoffradikale gebildet, die zusätzlich zu Zellmembranschäden mit Ödembildung führen.
Auch die **SCID (severe combined immunodeficiency)** mit Störung der zellulären und humoralen Immunantwort hat ihre Ursache im Abbau der Purinbasen. Hier findet sich häufig ein Defekt der Adenosindesaminase.

1.2.6 Synthese der Desoxyribosen

Um DNA zu synthetisieren, müssen die Ribosen der Nukleotide in Desoxyribosen umgewandelt werden. Am Ende der Nukleotid-Synthesen liegen nämlich die meisten Purin- und Pyrimidinbasen noch an Ribosen gebunden vor (s. Abb. 7, S. 7 und Abb. 8, S. 8). Nur die Pyrimidinbase Thymin wird schon direkt als dTMP – also als Desoxyribonukleotid – hergestellt und kann gleich in die DNA eingebaut werden.

Die Synthese der Desoxyformen der Zucker wird vom Enzym **Ribonukleotidreduktase** durchgeführt. Dabei werden folgende Ribonukleosiddiphosphate in Desoxyribonukleosiddiphosphate umgewandelt:
- ADP → dADP
- GDP → dGDP
- CDP → dCDP

Die Regeneration des Thioredoxin bei der Thiol-Disulfid-Austauschreaktion katalysiert das Enzym Thioredoxin-Reduktase, ein Selenocystein-haltiges Protein.

Merke!

Die Ribonukleotidreduktase arbeitet auf der Stufe der Nukleosiddiphosphate und benötigt Thioredoxin, $FADH_2$ und $NADPH/H^+$ als Coenzyme.

1.3 Nukleinsäuren

Im letzten Abschnitt wurden die einzelnen Bausteine der DNA und RNA – die Nukleotide – synthetisiert. Nun werden diese Nukleotide zu einer Kette zusammengefügt und so Polynukleotide gebildet. Diese Nukleotidketten sind die Speicherformen der Erbinformation.

1.3.1 Struktur der Nukleinsäuren

Um Nukleotide zu einer Kette zusammenzulagern, müssen Phosphorsäurediesterbindungen zwischen den einzelnen Nukleotiden aufgebaut werden. Aus der Verknüpfung der

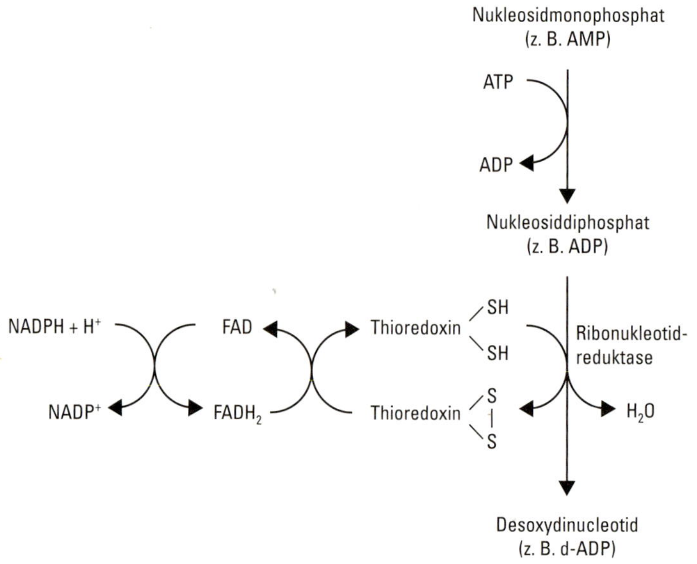

1 Speicherung, Übertragung und Expression genetischer Informationen

Abb. 15: Synthese der Desoxyribosen

medi-learn.de/6-bc4-15

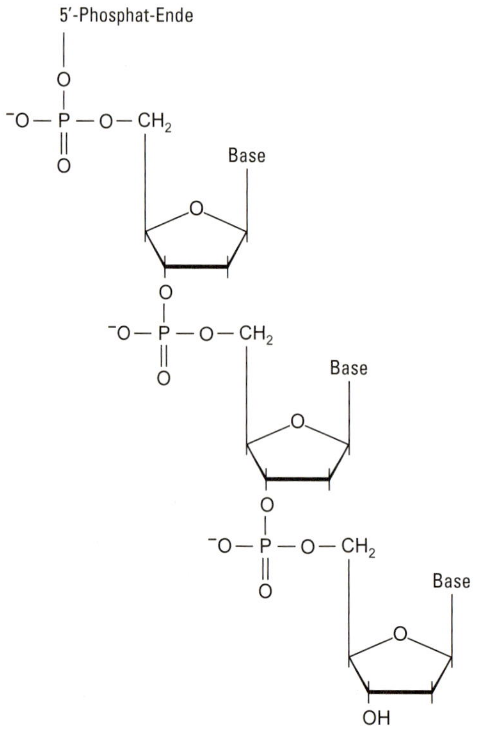

Abb. 16: Auschnitt aus einem DNA-Einzelstrang

medi-learn.de/6-bc4-16

einzelnen Nukleotide ergibt sich folgende Polarität in der Nukleinsäurekette:
– ein 5´-Phosphat-Ende und
– ein 3´-OH-Ende.

> **Merke!**
>
> In der RNA-Kette wird Uracil statt Thymin verwendet.

Basenpaarungen

Nukleinsäuren können durch die komplementäre Zusammenlagerung zweier DNA-Einzelstränge **Doppelstränge** bilden. Daneben besteht aber auch die Möglichkeit, dass sich DNA- und RNA-Ketten komplementär zu einem Doppelstrang zusammenlagern, was beim Thema Replikation (s. 1.6, S. 29) noch genau besprochen wird. Doch zunächst zur DNA: Hier bilden sich zwischen den Einzelsträngen spezifische Basenpaarungen aus:
– **Adenin** verbindet sich mit **Thymin** über zwei Wasserstoffbrückenbindungen,
– **Guanin** mit **Cytosin** über drei Wasserstoffbrückenbindungen.

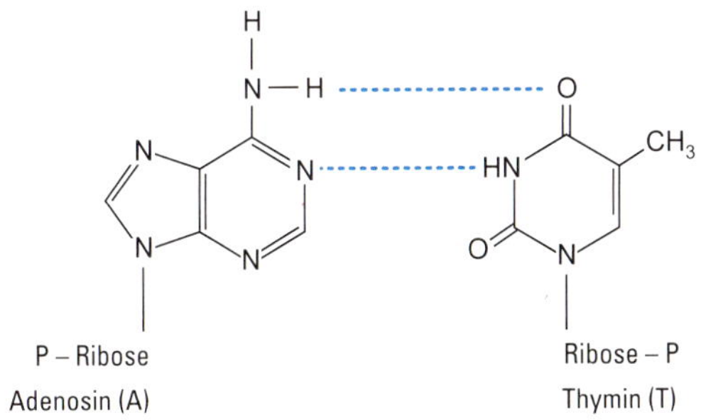

1.3.1 Struktur der Nukleinsäuren

Abb. 17: Basenpaarung A+T *medi-learn.de/6-bc4-17*

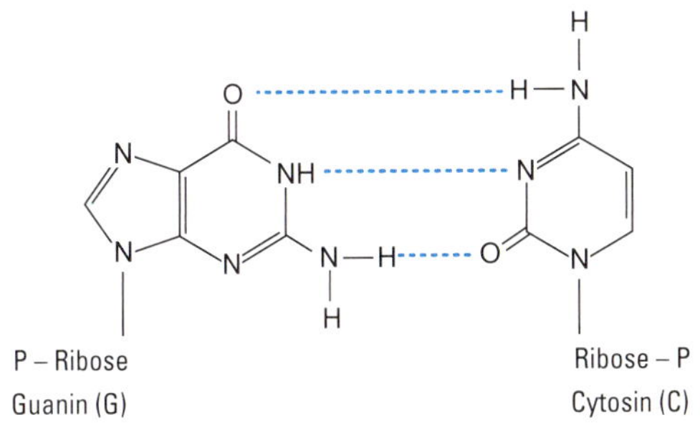

Abb. 18: Basenpaarung C+G *medi-learn.de/6-bc4-18*

Nach der von Erwin **Chargaff** aufgestellten und benannten Regel ist daher das Verhältnis von Adenin zu Thymin stets eins, genauso wie das Verhältnis von Guanin zu Cytosin immer eins ist.
Die Summe aller Basenpaare in der DNA ergibt 100 %:
Adenin + Thymin + Guanin + Cytosin = 100 %, wobei Adenin und Thymin immer mit gleichen Prozenten verteten sind, genauso wie Guanin und Cytosin.
Wird z. B. der Anteil an Guanin in der DNA gesucht und der Anteil an Adenin ist mit 20 % angegeben, könnt ihr ihn mit dieser Gleichung und der Chargaff-Regel einfach berechnen:
20 % + 20 % + x % + x % = 100 %, oder
x % + x % = 60 %,
was euch als Lösung einen Anteil von 30 % Guanin sowie Cytosin und damit auch wieder einen Punkt mehr beschert.

> **Merke!**
> Es paart sich immer eine Purin- mit einer Pyrimidinbase.

Übrigens ...
Basenpaarungen in einem DNA-Doppelstrang werden beispielsweise durch **CG** dargestellt. Liegen die Nukleoside **C**ytosin und **G**uanosin auf einem DNA-Einzelstrang nebeneinander und sind durch eine **P**hosphodiesterbindung verknüpft werden sie durch **CpG** dargestellt. CpG-reiche Regionen finden sich innerhalb des eukaryotischen Promotors (s. 1.8.4, S. 37, Transkriptionskontrolle).

Die Bindungsenergie einer Wasserstoffbrückenbindung beträgt ca. zwischen 10–50 kJ/mol – ein Wert, der auch mal im Physikum gefragt wurde. **Adenin** und **Cytosin** müssen in der **Aminoform**, **Thymin** und **Guanin** in der **Ketoform** vorliegen, damit sich die Einzelstränge zu einem Doppel strang zusammenfügen können. Bei der Amino- und Ketoform handelt es sich um eine spezielle Form der Strukturisomerie, die **Tautomerie**. Ein Fakt, der in den letzten Jahren sehr gern im Physikum gefragt wurde.

Übrigens ...
Liegen die seltenen Basen in der falschen Tautomerieform vor, kann es zu Fehlpaarungen und daher auch durch Ablesefehler zu Mutationen kommen.

Abb. 19: Keto- und Lactam-Form der Basen

medi-learn.de/6-bc4-19

DNA-Doppelhelix

DNA-Einzelstränge können sich spontan zusammenlagern, wodurch eine plectonemische, rechtsgewundene **α-Doppelhelix** entsteht. Plectonemisch bedeutet in diesem Zusammenhang, dass sich die beiden Einzelstränge der DNA um eine gemeinsame Mittelachse winden.

Merke!
Die Doppelstränge der DNA besitzen eine entgegengesetzte Polarität in ihren 5´-Phosphat und 3´-OH-Enden.

Entlang der DNA-Doppelhelix bilden sich **Furchen** aus, die in eine kleine und eine große Furche unterteilt werden können:
- Die **kleine Furche** bildet sich zwischen den gepaarten Einzelsträngen aus,
- während die **große Furche** zwischen den Doppelsträngen entsteht.

Um ihre räumliche Ausdehnung weiter zu verringern, verdrillt sich die DNA-Doppelhelix noch stärker in sich selbst. Zu diesem Zweck führt das Enzym **Topoisomerase** positive **Superhelices** in die DNA ein. Gleichzeitig ist dieses Enzym aber auch in der Lage, die Verdrillung der DNA-Doppelhelix wieder zu beseitigen und diese so zu entspannen, um Replikationen (s. 1.6, S. 29) oder Transkriptionen (s. 1.8, S. 35) zu ermöglichen.

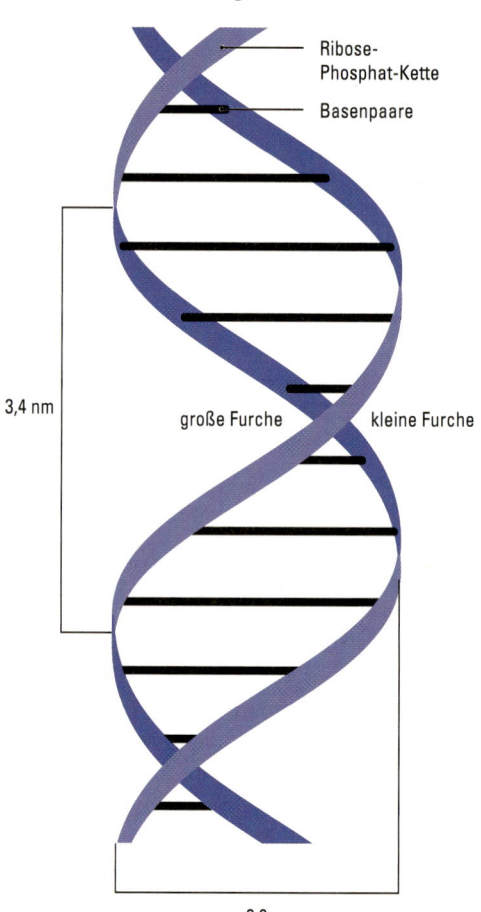

Abb. 20: DNA-Doppelhelix *medi-learn.de/6-bc4-20*

1.3.2 Einteilung der Nukleinsäuren

> **Merke!**
> Die Topoisomerase führt positive (Verdrillung) oder negative (Entdrillung) Superhelices ein.

1.3.2 Einteilung der Nukleinsäuren

Allgemein wird zwischen der DNA und der RNA unterschieden. Um einen Überblick zu erhalten, sind die einzelnen Nukleinsäuren in Tab. 1 noch einmal mit ihrem Vorkommen und ihrer Funktion dargestellt.

1.4 Chromatin

Nachdem die einzelnen Bausteine – die Nukleotide – synthetisiert und zu Polynukleotiden – den Nukleinsäuren – zusammengesetzt wurden, wird nun die Lagerung und Verpackung der Erbinformation besprochen. Der Begriff Chromatin bezeichnet dabei die Gesamtheit der Nukleinsäuren und Proteine im Zellkern. Das Massenverhältnis zwischen den überwiegend basischen Proteinen – den Histonen – und der DNA beträgt übrigens 1 : 1, was bedeutet, dass eine große Masse an Proteinen benötigt wird, um die Erbinformation zu verpacken und zu lagern. Und da sie so wichtig sind, fangen wir auch gleich mit ihnen an.

1.4.1 Histone

Histone bestehen aus basischen Aminosäuren wie Lysin und Arginin. Sie werden im Zytoplasma in der Synthesephase des Zellzyklus gebildet. An den Histonen finden regulative Veränderungen statt, wodurch der Zellzyklus gesteuert wird. Eine typische Veränderung der Histone ist die Acetylierung. Hierbei lockert sich die elektrostatische Interaktion zwischen der DNA und den Histonen.

> **Merke!**
> Histone sind aus basischen Aminosäuren aufgebaut!

Bezeichnung	Struktur	Vorkommen	Funktion
DNA	Doppelhelix	Zellkern, Mitochondrien	Träger der genetischen Information
cDNA (c = complementary)	Einzelstrang	experimentell im Labor	intronfreie DNA zum Einschleusen in bakterielle DNA-Plasmide (s. 1.10.4, S. 58)
mtDNA (mt = mitochondriale)	ringförmige Doppelhelix	DNA der Mitochondrien	Träger der genetischen Information der Mitochondrien, die jeweils von der Mutter (maternal) vererbt wird
hnRNA (hn = heteronukleäre)	Einzelstrang	Zellkern	Vorstufe der mRNA
mRNA (m = messenger)	Einzelstrang	Zellkern, Zytosol	Transport der kopierten DNA-Information vom Zellkern ins Zytosol
tRNA (t = transfer)	Einzelstrang	Zytosol	Erkennung des mRNA-Codons und Übertragung der entsprechenden Aminosäure
rRNA (r = ribosomale)	Einzelstrang	Ribosomen	Strukturbaustein der Ribosomen und als Ribozyme katalytisch aktiv (Peptidyltransferase-Aktivität)
snRNA (sn = small nuclear)	Einzelstrang	Zellkern	Beteiligung beim Entfernen der Introns aus der hnRNA

Tab. 1: DNA- und RNA-Arten

1 Speicherung, Übertragung und Expression genetischer Informationen

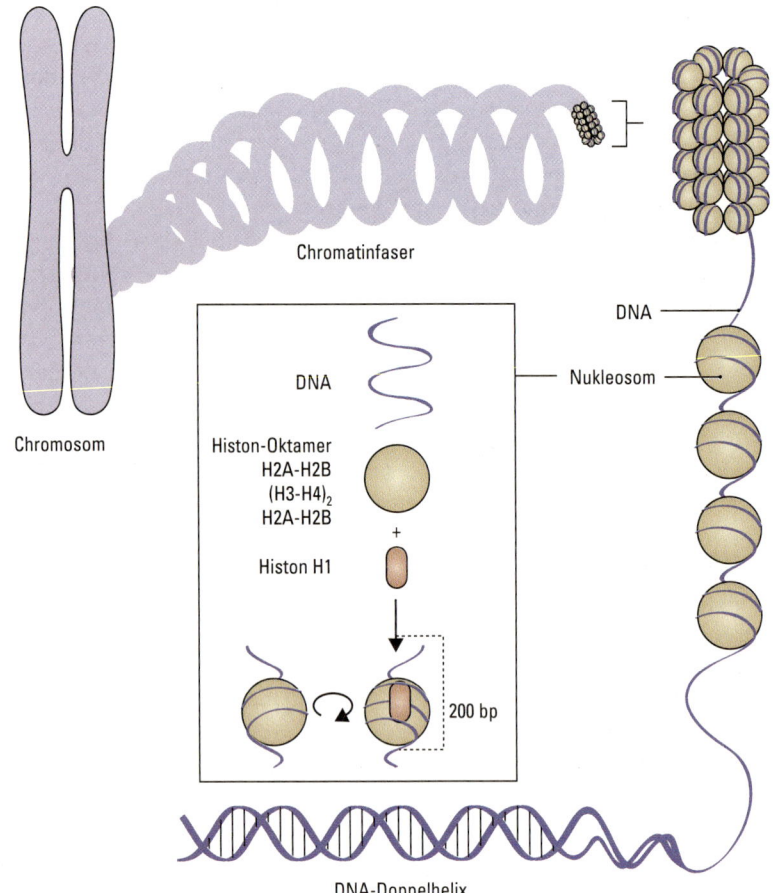

Abb. 21: Chromatin

medi-learn.de/6-bc4-21

1.4.2 Nukleosomen

Kleinste Verpackungseinheit des Chromatins ist ein Nukleosom. Es besteht aus einem **Histon-Oktamer** (acht Histon-Proteine; je zwei Kopien der Histone H2A, H2B, H3 und H4), um das ein **146 Basenpaare** langer DNA-Strang gewickelt ist. Aufgelagert ist das **Histon H$_1$**, das die Position markiert, an der sich die DNA um das Nukleosom schlingt. Die DNA-Abschnitte, die die einzelnen Nukleosomen verbinden, sind unterschiedlich lang (50–60 Basenpaare) und werden als **Linker-DNA** bezeichnet. Die Nukleosomen einer Nukleotidkette stapeln sich übereinander und bilden so eine Chromatinfaser, die sich im Stadium der Zellteilung zu den Chromosomen verdichtet.

Merke!

Ein Nukleosom besteht aus acht Histonen (Histonoctamer) und etwa 200 Basenpaaren DNA (146 Basenpaare und die Linker-DNA), sowie dem stabilisierenden Histon H1.

DAS BRINGT PUNKTE

Sehr häufig wird im Physikum nach dem **Aufbau der Nukleotide** gefragt. Unbedingt merken solltest du dir daher, dass
- die Base über eine N-glykosidische Bindung mit der Pentose verknüpft ist,
- der Phosphat-Rest über eine Esterbindung mit der Pentose verknüpft ist und
- die Phosphat-Gruppen untereinander durch energiereiche Phosphorsäureanhydrid-Bindungen verbunden sind.

Ein Hauptschwerpunkt liegt im Physikum auf der **Pyrimidinbasen-Synthese** und dem wichtigen **Vitamin Folsäure**. Hier solltest du wissen, dass
- dTMP aus dUMP synthetisiert wird und für diese Reaktion der Methylgruppen-Donator Folsäure – als Methylentetrahydrofolat – notwendig ist,
- durch spezielle Hemmstoffe in diesen Syntheseschritt eingegriffen werden kann: Aminopterin und Methotrexat hemmen die Dihydrofolatreduktase und 5-Fluoruracil die Thymidylat-Synthase,
- Dihydrofolat die verbrauchte, inaktive Form der Folsäure ist,
- Tetrahydrofolat die aktive Form der Folsäure ist, an die direkt eine Methylgruppe angelagert werden kann und
- Folsäure als Methylgruppen-Donator verwendet wird, für die Pyrimidinbasen- und die Purinbasen-Synthese, für die Synthese von Methionin aus Homocystein, für die Synthese von Serin und für den Abbau von Histidin.

Zu den **Purinbasen** wird im Physikum sehr gern die Herkunft der Atome des Purinrings und nach den Stickstoff-Donatoren gefragt. Einen Schwerpunkt stellt der Abbau der Purinbasen dar. Hierzu solltest du dir merken, dass
- Glycin, CO_2 und zwei N10-Formyltetrahydrofolate die Kohlenstoffatome des Purinrings liefern,
- Glycin, Aspartat und zwei Glutamine die Stickstoffdonatoren des Purinrings sind,
- Harnsäure das Abbauprodukt der Purinbasen darstellt und im Urin ausgeschieden wird,
- das Enzym Xanthindehydrogenase die Umwandlung von Hypoxanthin zu Xanthin und die Umwandlung von Xanthin zu Harnsäure katalysiert,
- Allopurinol die Xanthinoxidase hemmt und es dann zu einer Xanthin- und Hypoxanthinurie kommt,
- eine Hyperurikämie (Gicht) durch eine verminderte renale Sekretion von Harnsäure oder durch eine vermehrte Purinbasen-Synthese bedingt sein kann und
- das Enzym HGPRT Hypoxanthin zu IMP und Guanin zu GMP umwandelt.

Außerdem wird im Physikum gern nach der Herstellung der **Desoxyformen der Nukleotide** gefragt. Hier solltest du dir unbedingt merken, dass
- die Nukleotide ADP, GDP und CDP in ihre Desoxyformen umgewandelt werden,
- das Enzym Ribonukleotidreduktase diese Reaktionen katalysiert und
- hierzu Thioredoxin, $NADP^+$ und FAD als Coenzyme notwendig sind.

Zum Thema **Nukleinsäuren** wird im Physikum sehr gerne die Basenpaarung im DNA-Strang gefragt. Unbedingt wissen solltest du daher, dass
- sich immer eine Purin- mit einer Pyrimidinbase paart,
- Adenin und Cytosin in der Aminoform, Thymin und Guanin in der Ketoform für die Basenpaarung vorliegen müssen,
- die DNA-Doppelhelix eine entgegengesetzte 5´–3´-Polarität in ihren Einzelsträngen besitzt und

DAS BRINGT PUNKTE

– Topoisomerasen eine Superspiralisierung der DNA bewirken können.

Zum Stichwort **Chromatin** sind im Physikum folgende Fakten gern gefragt:

– Chromatin ist aus Nukleosomen aufgebaut und
– Histone beinhalten basische Aminosäuren, jedoch kein Histidin. Sie werden im Zytoplasma synthetisiert.

FÜRS MÜNDLICHE

In der mündlichen werden häufig folgende Fragen gestellt.

1. **Nennen Sie bitte die Nukleotide, aus denen die Erbinformation des Menschen aufgebaut wird.**

2. **Bitte nennen Sie den Unterschied zwischen Nukleosiden und Nukleotiden und wie sie aufgebaut sind. Zeichnen Sie ein Nukleotid und erläutern Sie dessen Struktur.**

3. **Bitte erläutern Sie, welche Basen für die Verschlüsselung der Erbinformation in der DNA zur Verfügung stehen.**

4. **Beschreiben Sie bitte kurz die Pyrimidinbasensynthese.**

5. **Erläutern Sie bitte kurz die Purinbasensynthese.**

6. **Was wissen Sie über das Vitamin Folsäure?**

7. **Nennen Sie bitte zusammenfassend die Unterschiede und Besonderheiten der Purin- und Pyrimidinbasen.**

8. **Bitte erklären Sie kurz, wie die Nukleotide im DNA-Strang miteinander verbunden sind.**

9. **Nennen Sie bitte die Kräfte, die in einem DNA-Doppelstrang wirken.**

10. **Nennen Sie Besonderheiten des DNA-Stranges.**

11. **Bitte erläutern Sie, was das Genom ist.**

12. **Erklären Sie bitte, wie die Erbinformation des Menschen im Zellkern gelagert wird.**

13. **Bitte erläutern Sie, wie das Chromatin für die Replikation oder Transkription entpackt wird.**

1. Nennen Sie bitte die Nukleotide, aus denen die Erbinformation des Menschen aufgebaut wird.
Für die Synthese der DNA werden Nukleosidtriphosphate benötigt. Desoxyadenosintriphosphat (dATP), Desoxythymidintriphosphat (dTTP), Desoxyguanosintriphosphat (dGTP) und Desoxycytidintriphosphat (dCTP).

2. Bitte nennen Sie den Unterschied zwischen Nukleosiden und Nukleotiden und wie sie aufgebaut sind. Zeichnen Sie ein Nukleotid und erläutern Sie dessen Struktur.
Ein Nukleosid besteht aus einer Base und einer Zuckerkomponente (Ribose oder Desoxyribose), ein Nukleotid aus Base, Zucker und Phosphatrest (Mono-, Di- oder Triphosphat).

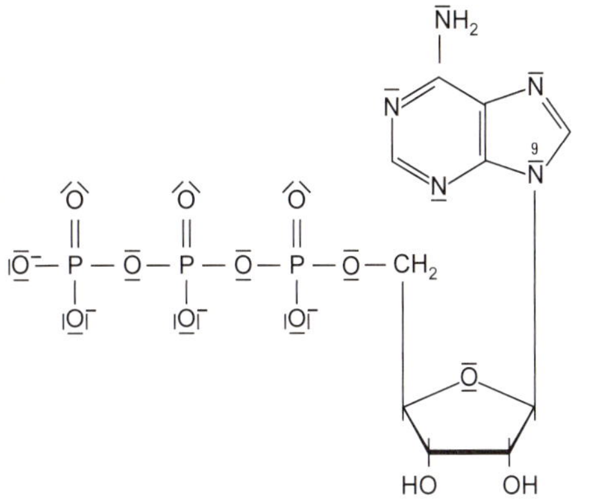

FÜRS MÜNDLICHE

Abb. 22: Adenosintriphosphat (ATP)

medi-learn.de/6-bc4-22

Am Beispiel von ATP erkennt man den Aufbau eines Nukleotids mit folgenden Bindungen: Die Base Adenin ist über eine N-glykosidische Bindung an Ribose gebunden. Zwischen Ribose und den Phosphatresten besteht eine Esterbindung. Die weiteren Phosphate sind als Phosphorsäureanhydridbindungen angeknüpft.

3. Bitte erläutern Sie, welche Basen für die Verschlüsselung der Erbinformation in der DNA zur Verfügung stehen.
Grundsätzlich kann zwischen Basen mit einem Pyrimidin- und Purinbasengerüst unterschieden werden.
Die Pyrimidinbasen der DNA sind Cytosin und Thymin, die Purinbasen sind Adenin und Guanin. (Die Pyrimidinbase Uracil kommt nur in der RNA vor.)

4. Beschreiben Sie bitte kurz die Pyrimidinbasensynthese.
Ziel der Pyrimidinbasensynthese ist die Herstellung der Nukleotide CTP und dTMP. Erst nachdem der Pyrimidinbasen-Ring schrittweise synthetisiert worden ist, erfolgt die Anlagerung der Zuckerkomponente (PRPP als aktivierte Ribose) und es entsteht in weiteren Syntheseschritten das Zwischenprodukt UMP. Zur Synthese des dTMP muss auf dUMP eine Methylgruppe übertragen werden. Hierzu wird der Kohlenstoff-Donator Methyltetrahydrofolat (aktive Form des Vitamins Folsäure) verwendet. CTP wird aus UTP synthetisiert.

5. Erläutern Sie bitte kurz die Purinbasensynthese.
Am Ende der Purinbasensynthese entsteht AMP und GMP, die aus je einem IMP synthetisiert werden. Die Synthese des Purinbasen-Rings erfolgt Schritt für Schritt an der Ribose (dem PRPP).

6. Was wissen Sie über das Vitamin Folsäure?
Folsäure wird von Bakterien und Pflanzen synthetisiert, nicht jedoch vom Menschen. Tetrahydrofolat kann als aktive Form der Folsäure Kohlenstoffreste übertragen. Verwendung findet der MethylgruppenDonator in der Synthese der Purin- und Pyrimidinbasen, der Synthese von Methionin aus Homocystein, der Synthese von Serin aus Glycin und beim Histidinabbau. Nebenbemerkung: Der Folsäure-Stoffwechsel kann durch Aminopterin und Methotrexat an der Dihydrofolat-Reduktase und durch 5-Fluoruracil an der Thymidylat-Synthase gehemmt werden.
Ein Mangel kann zu Anämien, Immunschwächen und zu Neuralrohrdefekten führen.

7. Nennen Sie bitte zusammenfassend die Unterschiede und Besonderheiten der Purin- und Pyrimidinbasen.
– Die Synthese der Purinbasen erfolgt direkt an der Ribose gebunden. Pyrimidine werden erst nach vollständigem Ringschluss an die Ribose angelagert.
– Zur Synthese von Purin- und Pyrimidinbasen wird u. a. Tetrahydrofolsäure als Kohlenstoff-Donator verwendet.

FÜRS MÜNDLICHE

– Purinbasen aus Nukleotiden können wiederverwertet werden (werden zu etwa 90 % recycelt), Pyrimidine müssen immer neu synthetisiert und anfallende Pyrimidinbasen abgebaut werden.
– Beim Abbau von Purinbasen (werden zu 10 % abgebaut) entsteht Harnsäure, die mit dem Urin ausgeschieden wird.

8. Bitte erklären Sie kurz, wie die Nukleotide im DNA-Strang miteinander verbunden sind.
Über Phosphodiesterbindungen fügen sich die einzelnen Nukleotide zu einem Nukleinsäurestrang zusammen. N-glykosidische Bindungen befinden sich zwischen der Base und dem Zucker.

9. Nennen Sie bitte die Kräfte, die in einem DNA-Doppelstrang wirken.
Wasserstoffbrückenbindungen zwischen den komplementären Basen, hydrophobe Wechselwirkungen der Basen untereinander, ionische Wechselwirkungen zwischen den geladenen Phophatgruppen, Atombindungen zwischen den Einzelnukleotiden innerhalb der Stränge.

10. Nennen Sie Besonderheiten des DNA-Stranges.
Zwei DNA-Einzelstränge sind zu einer rechtsgewundenen Doppelhelix zusammengelagert. Die Einzelstränge sind antiparallel angeordnet und besitzen somit eine entgegengesetzte Polarität in ihren 5´-Phosphat- und 3´-OH-Enden. Entlang der miteinander verbundenen Einzelstränge bildet sich eine kleine Furche aus, entlang der sich zusammenlagernden Doppelstränge eine große Furche.

11. Bitte erläutern Sie, was das Genom ist.
Die Gesamtheit aller Gene des Menschen, circa 30.000 Stück, etwa drei Mrd. Basenpaare im haploiden Chromosomensatz.

12. Erklären Sie bitte, wie die Erbinformation des Menschen im Zellkern gelagert wird.
Die kleinste Verpackungseinheit der DNA ist das Nukleosom. Es ist aufgebaut aus einem Histonkern (Histon-Oktamer), einem Verbindungshiston (H1 als linker Histon) und einem DNA-Abschnitt von 200 Basenpaaren. Nukleosomen lagern sich zu Stapeln zusammen, die dann zu einem Chromosom verdichtet werden.

13. Bitte erläutern Sie, wie das Chromatin für die Replikation oder Transkription entpackt wird.
Chromatin ist die Gesamtheit der Nukleinsäuren und Proteine im Kern. Es ist aus Nukleosomen aufgebaut, die aus neun Histonen bestehen. Durch Acetylierungen an den Histonen spalten sich die Nukleosomen auf und die DNA kann repliziert oder transkribiert werden.

Pause

Kleiner Lacher gefällig? 10 Minuten Pause!

Ihre Arbeitskraft ist Ihr Startkapital. Schützen Sie es!

DocD'or – intelligenter Berufsunfähigkeitsschutz für Medizinstudierende und junge Ärzte:

- Mehrfach ausgezeichneter Berufsunfähigkeitsschutz für Mediziner, empfohlen von den großen Berufsverbänden
- Stark reduzierte Beiträge, exklusiv für Berufseinsteiger und Verbandsmitglieder
- Versicherung der zuletzt ausgeübten bzw. der angestrebten Tätigkeit, kein Verweis in einen anderen Beruf
- Volle Leistung bereits ab 50 % Berufsunfähigkeit
- Inklusive Altersvorsorge mit vielen individuellen Gestaltungsmöglichkeiten

Lassen Sie sich beraten!

Nähere Informationen und unseren Repräsentanten vor Ort finden Sie im Internet unter www.aerzte-finanz.de

Deutsche Ärzte Finanz

Standesgemäße Finanz- und Wirtschaftsberatung

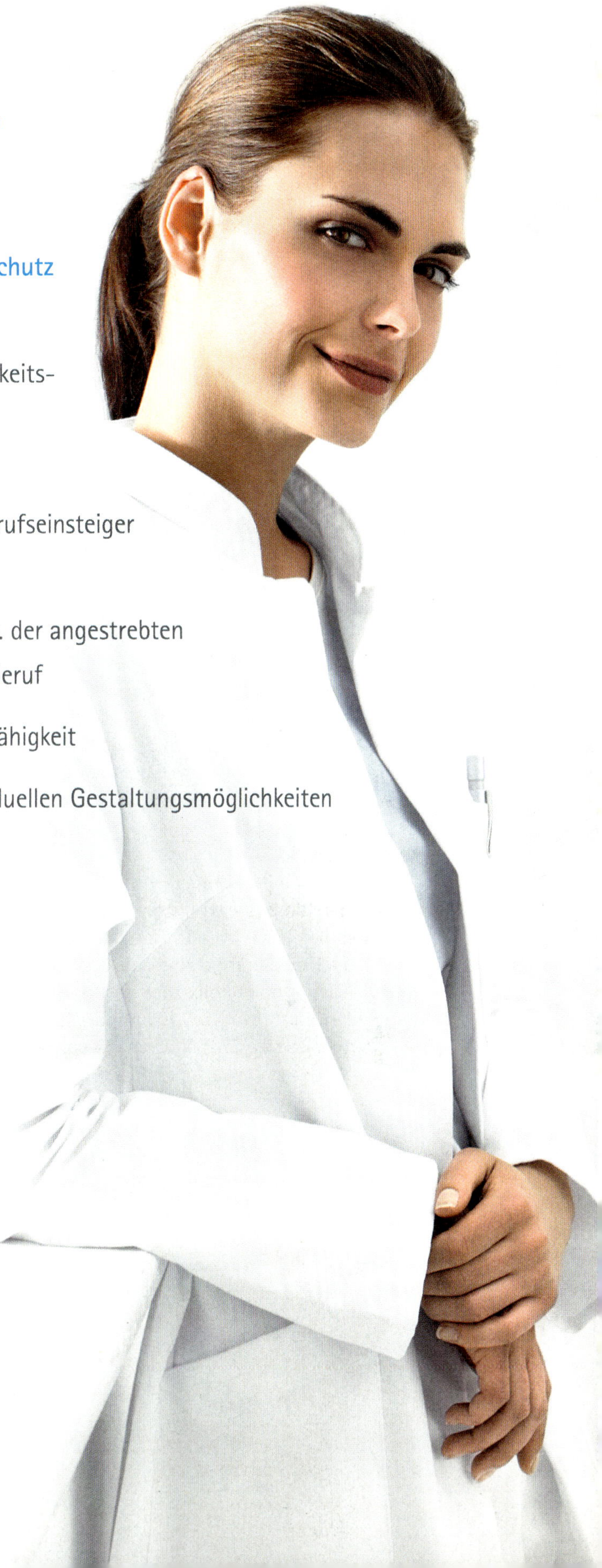

1 Speicherung, Übertragung und Expression genetischer Informationen

1.5 Zellzyklus und Apoptose

Der Lebenszyklus einer Zelle beginnt mit der vorangegangenen Mitose, der Zellteilung, und endet mit einer erneuten Mitose oder in einem programmierten Zelltod, der Apoptose. Die Zeit dazwischen wird in verschiedene Phasen eingeteilt und als Zellzyklus bezeichnet (s. Abb. 23, S. 26).

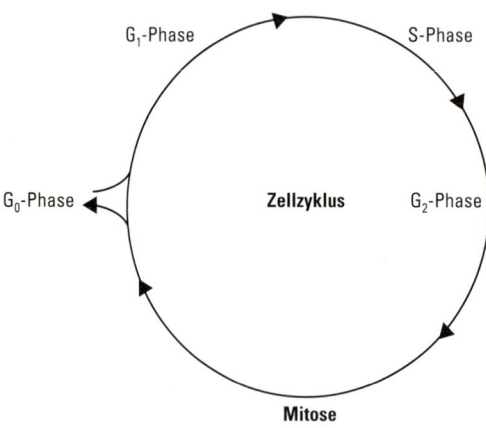

Abb. 23: Zellzyklus *medi-learn.de/6-bc4-23*

Mit der **G$_1$-Phase** beginnt eine Zelle, nach der Mitose zu wachsen und ihre Zellbestandteile zu synthetisieren. Eine meist vollständig differenzierte Zelle kann in eine **G$_0$-Phase** eintreten. In dieser Phase pausiert sie und kann sich für lange Zeit aus dem aktiven Zellzyklus heraushalten.
Unter dem Einfluss verschiedener Wachstumsfaktoren tritt eine Zelle in die **S-Phase** ein, synthetisiert verstärkt Histone und repliziert ihre DNA vor einer geplanten Zellteilung (s. 1.6, S. 29). In der recht kurzen **G$_2$-Phase** kontrolliert eine Zelle, ob die Verdopplung der Erbinformation korrekt abgeschlossen ist.
Nach einer erfolgreichen Kontrolle tritt die Zelle anschließend in die **Mitose** ein und teilt sich. Sollten jedoch Reparaturvorgänge zu lang dauern oder zu viele Fehler aufgetreten sein, wird ein programmierter Zelltod, die Apoptose, eingeleitet (s. S. 27).

Die Übergänge von einer Zellzyklusphase zur nächsten sind einer strengen und komplexen Regulation unterworfen. Daran beteiligt sind
– **Wachstumsfaktoren**,
– **Kinasen**, die bestimmte Proteine phosphorylieren (Cyclin-abhängige Kinasen = CDK, cyclin dependend kinases),
– **Cycline**, die als Proteine die Aktivität der Kinasen kontrollieren,
– das **Retinoblastom-Protein (pRB)**, das als zentrales Tumor-Suppressor-Protein des Zellzyklus den Transkriptionsfaktor E2F hemmt und
– die **Proteine** p16, p21 und p27, die Cycline hemmen und so spezielle Rollen in den einzelnen Zellzyklusphasen übernehmen.

Als zentrales Protein des Zellzyklus verdient das **Retinoblastom-Protein pRB** deine besondere Aufmerksamkeit: Es ist ein Tumor-Suppressor-Protein des Zellkerns, das den Übergang von der G$_1$-Phase zur S-Phase reguliert. Dephosphoryliertes und damit aktiviertes pRB bindet und inaktiviert in ruhenden Zellen den **Transkriptionsfaktor E2F**. Auf die Zelle einwirkende Wachstumsfaktoren aktivieren bestimmte Cyclin-abhängige Kinasen (CDK2/Cyclin E), die schrittweise das pRB phosphorylieren und damit inaktivieren. Inaktiviertes phosphoryliertes pRB setzt den gebundenen Transkriptionsfaktor E2F frei. Dieser kann jetzt die S-Phase-Gene aktivieren und so den Übergang in die S-Phase des Zellzyklus einleiten (s. Abb. 24, S. 27). Während des Übergangs von der M- zur G$_1$-Phase wird pRB zunehmend dephosphoryliert und kann in dieser Form wieder den E2F binden und damit inaktivieren.

> **Übrigens …**
> Das Retinoblastom-Protein pRB war das erste Tumorsuppressor-Protein, das entdeckt wurde. Man fand es in einem bösartigen Tumor der Netzhaut des Auges: einem Retinoblastom. Voraussetzung für dessen Entstehung sind Mutationen in beiden Allelen des Retinoblastom-Gens.

1.5 Zellzyklus und Apoptose

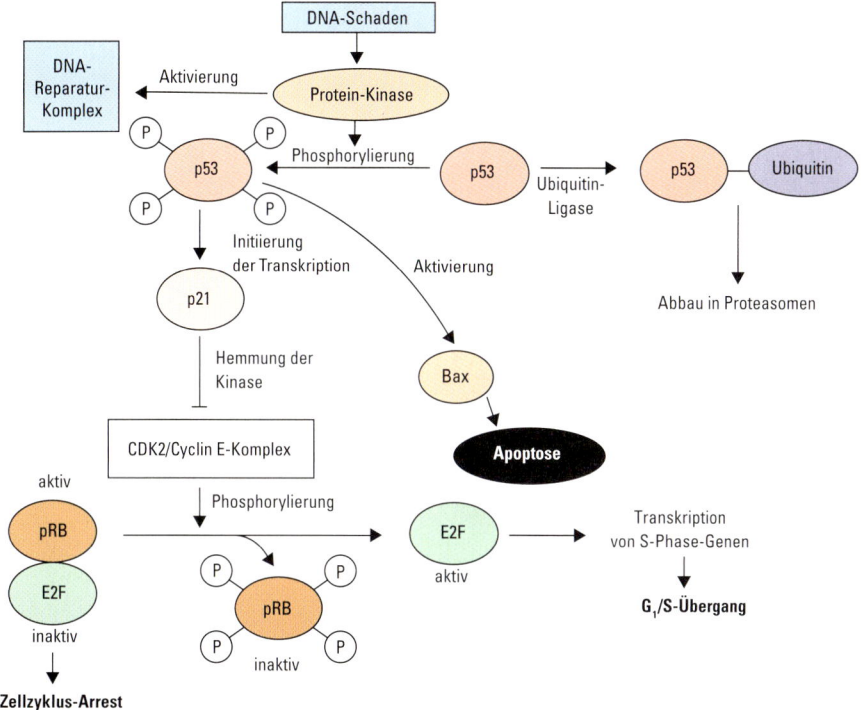

Abb. 24: Regulation des Zellzyklus   *medi-learn.de/6-bc4-24*

Ein weiteres wichtiges Protein zur Kontrolle des Zellzyklus ist das p53, ein Tumor-Suppressor-Protein, das den Beinamen „Wächter des Genoms" trägt. Das p53 sorgt in normalen Zellen dafür, dass sich die Zelle nur dann teilt, wenn ihre DNA keine größeren Schäden aufweist. Liegen DNA-Schäden vor, wird p53 durch Protein-Kinasen phosphoryliert und damit aktiviert. Hierdurch verliert das p53 seine Affinität zur Ubiquitin-Ligase und entgeht so seinem normalerweise zügig ablaufenden Abbau im Proteasom. Die nun ansteigende Konzentration von phosphoryliertem p53 fördert als Transkriptionsfaktor die Synthese des Proteins p21, eines Cyclin-abhängigen Kinase-Hemmers (CDK-Inhibitor). Protein p21 kann z. B. durch Hemmung des Cyclin-abhängigen Kinase2/Cyclin E-Komplexes (CDK2/Cyclin E) die Phosphorylierung und damit Inaktivierung des Retinoblastom-Proteins verhindern und so den G_1/S-Übergang blockieren (Zellzyklus-Arrest, s. Abb. 24). Bei schweren DNA-Schäden kann das p53 über das mitochondriale Protein Bax die Apoptose einleiten (s. Abb. 24, S. 27 und Abb. 26, S. 28).

Die Apoptose – der programmierte Zelltod – ist wichtig für die normale Entwicklung und Regeneration eines Organismus. Sie spielt z. B. in der Embryonalentwicklung bei der Entwicklung der Fingerstrahlen einer Hand, aber auch bei der „Ausbildung" der T-Lymphozyten im Thymus oder bei der Beseitigung virusinfizierter Zellen eine Rolle. Im Gegensatz zur Nekrose, die mit einer Zellschwellung einhergeht, ist die Apoptose ein kontrolliert ablaufender physiologischer Prozess, der ohne Entzündung zur Zellschrumpfung, Fragmentierung des Chromatins und anschließender Phagozytose der apoptotischen Zelle führt. Im Labor lassen sich an apoptotischen Zellen schon in einem sehr frühen Stadium morphologische Veränderungen nachweisen: Phosphatidylse-

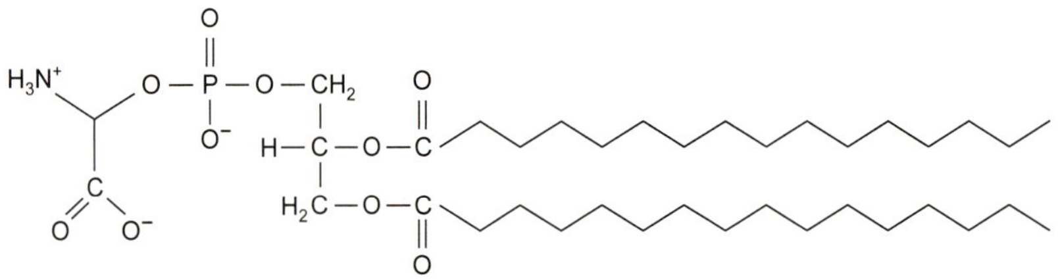

1 Speicherung, Übertragung und Expression genetischer Informationen

Bei apoptotischen Zellen finden sich somit auf der Außenseite der Plasmamembran zwei negative und eine positive Ladung.

Abb. 25: Phosphatidylserin medi-learn.de/6-bc4-25

rin – ein Phospholipid – wird von der Innenseite auf die Außenseite der Plasmamembran verlagert und signalisiert so der Umgebung, dass diese Zelle untergehen wird. Durch das Erscheinen der einfach negativ geladenen Kopfgruppen an der Außenseite der Zelle erhalten Makrophagen das Signal zur Phagozytose der Fragmente.

Prinzipiell wird bei der Apoptose eine Induktion von innen (intrinsisch) von einer Induktion von außen (extrinsisch) unterschieden:
Der über die Mitochondrien vermittelte **intrinsische Signalweg** kann durch eine ganze Reihe von Schäden aktiviert werden. Hierzu zählen unter anderem der Entzug von Wachstumsfak-

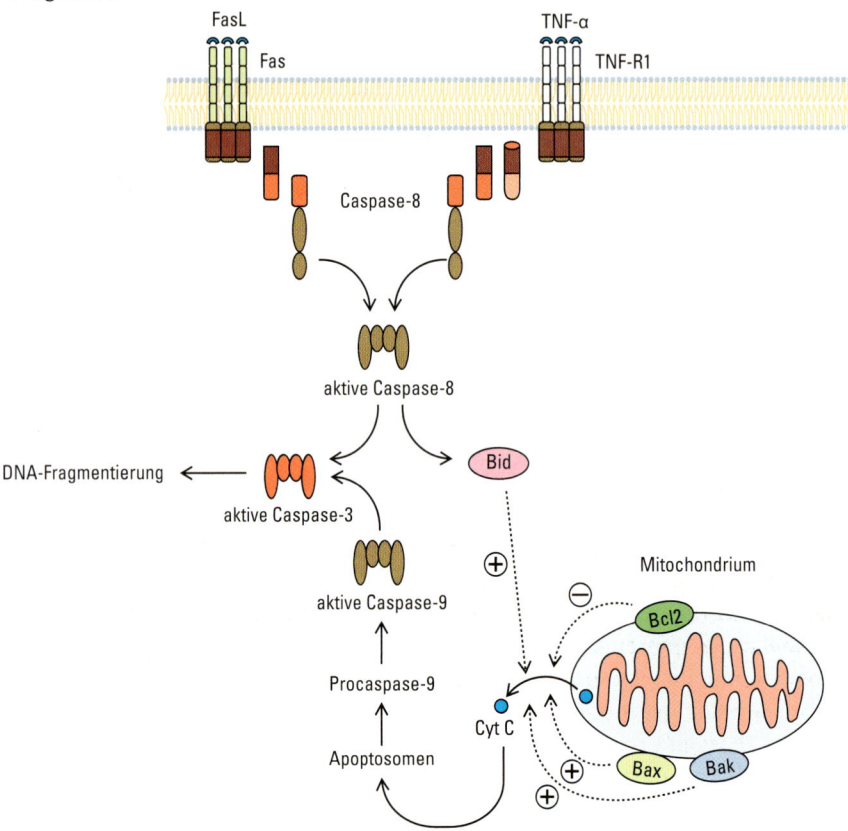

Abb. 26: Signalwege der Apoptose medi-learn.de/6-bc4-26

toren, DNA-Schädigung (z. B. durch UV- und Röntgenstrahlung oder Zytostatika), Aktivierung intrazellulärer Rezeptoren (z. B. für Glucocorticoide) und Störungen des Zellmetabolismus (z. B. Nukleotidsynthese). Eine zentrale Rolle spielen die Mitglieder der Bcl2-Proteinfamilie. Sie sind normalerweise an der Außenmembran von Mitochondrien lokalisiert und wirken entweder pro-apoptotisch (z. B. Bax und Bak) oder anti-apoptotisch (z. B. Bcl2 selbst). Die Aktivierung proapoptotischer Bcl2-Familienmitglieder wie Bax auf der äußeren Mitochondrienmembran führt zu einer Freisetzung von Cytochrom-c aus dem mitochondrialen Intermembranraum ins Zytoplasma. Hier kommt es dann nach Bildung eines Apoptosoms zur Aktivierung der Caspase-9 und nachfolgend der Caspase-3, wodurch eine Caspasenkaskade eingeleitet wird, an deren Ende die Fragmentation der DNA, Auflösung und Umordnung des Zytoskeletts, Isolierung der Zelle innerhalb des Zellverbandes und Kennzeichnung der Zelle zur Phagozytose steht (s. Abb. 25, S. 28 und Abb. 26, S. 28).

Bei der intrazellulären Aktivierung der Caspasen werden die inaktiven Procaspasen durch **limitierte Proteolyse** aktiviert: Procaspase-9 wird zur aktiven Caspase-9 und aktiviert die Procaspase-3 zur aktiven Caspase-3 u.s.w.

Der **extrinsische Signalweg** wird durch Todesrezeptoren (engl. = death-receptors) gesteuert, die zur Familie der Tumornekrosefaktor-(TNF)-Rezeptoren zählen. Sie werden vornehmlich auf der Oberfläche von Zellen des Immunsystems und auf Epithelzellen exprimiert. Nach Aktivierung der Rezeptoren wird die Caspase-8 aktiviert, die durch Aktivierung der zentralen Caspase-3 in die gemeinsame Endstrecke der Apoptose mündet. Weiterhin aktiviert die Caspase-8 auch Bid (ein proapoptotisches Protein der Bcl2-Proteinfamilie), wodurch es zusätzlich zur Aktivierung des intrinsischen mitochondrialen Apoptosewegs kommt (s. Abb. 26, S. 28).

Zytokine wie der Tumornekrosefaktor-α (TNF-α) und der Fas-Ligand binden an ihre spezifischen Rezeptoren auf der Membranoberfläche der Zelle und aktivieren so den extrinsischen Signalweg der Apoptose. **Casp**asen sind **C**ystein-Proteasen, die ein Protein hinter **Asp**artat schneiden und zu den Enzymen (-ase) zählen.

1.6 Replikation der DNA

Bevor sich eine Zelle teilt, muss die Erbinformation verdoppelt werden. Dieser als Replikation bezeichnete Vorgang findet in der Synthesephase des Zellzyklus im Zellkern statt. Es handelt sich hierbei um eine **semikonservative Verdopplung**, d. h., dass sich in den beiden neu synthetisierten DNA-Doppelsträngen jeweils ein elterlicher DNA-Einzelstrang befindet. Die Hauptarbeit der Replikation wird durch die **DNA-Polymerasen** geleistet. Sie verknüpfen komplementär zum abgelesenen elterlichen DNA-Einzelstrang die **Desoxyribonukleotidtriphosphate** untereinander, wodurch wieder eine vollständige DNA-Doppelhelix entsteht. DNA-Polymerasen haben eine wissenswerte Besonderheit: Sie benötigen zur Kettenverlängerung ein **freies 3´-OH-Ende**, um ein neues Nukleotid anknüpfen zu können. Nur das Enzym **Primase** kann ohne ein freies 3´-OH-Ende arbeiten. Es synthetisiert zunächst komplementär zum elterlichen DNA-Einzelstrang eine kurze RNA-Kette – **den Primer** – und liefert so ein freies 3´-OH-Ende für die nachfolgende Arbeit der DNA-Polymerasen. Die Primase ist eine DNA-abhängige RNA-Polymerase – sie liest DNA ab und synthetisiert komplementär dazu den RNA Primer.

1.6.1 Mechanismus der Replikation

Gerade in der Mündlichen wird häufig nach dem Ablauf der Replikation gefragt, bei dem es einige Besonderheiten zu beachten gilt.
1. **Topoisomerasen** (in Bakterien heißen sie Gyrasen) führen negative Superhelices in die DNA ein und entdrillen so die Doppelhelix,

2. **Helicasen** trennen unter ATP-Verbrauch die DNA-Doppelstränge und erzeugen damit die Replikationsgabel,
3. eine **Primase** (RNA-Polymerase) synthetisiert die **Primer**-RNA, um ein freies 3´-OH-Ende und somit einen Anknüpfungspunkt für die DNA-Polymerase zu schaffen.

Das **Wachstum** des neu synthetisierten DNA-Einzelstrangs erfolgt vom 5´ zum 3´- Ende, die **Ableserichtung** vom elterlichen DNA-Einzelstrang daher vom 3´ zum 5´-Ende. Durch die entgegengesetzte Polarität im DNA-Doppelstrang ist es notwendig, einen Strang um 180° einzudrehen, um so eine identische Syntheserichtung für die DNA-Polymerase III zu schaffen. Hierdurch wird ein Leitstrang von einem Folgestrang unterschieden.

4. Die kontinuierliche DNA-Synthese des **Leitstrangs** wird durch die schnell arbeitende **DNA-Polymerase III** in Richtung auf die Replikationsgabel zu ausgeführt. Zur Synthese des Leitstrangs ist pro Replikationsgabel daher nur einmal ein einziger Primer (Synthese durch Primase) zur Lieferung eines freien 3´-OH-Endes notwendig.
5. Der unterbrochene **Folgestrang** kann durch die Eindrehung um 180° diskontinuierlich (abschnittsweise) nun ebenfalls von der gleichen **DNA-Polymerase III** in Richtung auf die Replikationsgabel synthetisiert werden. Durch das Ein- und Ausdrehen immer neuer DNA-Abschnitte bilden sich die **Okazaki-Fragmente**, die aus einem RNA-Primer und der neu synthetisierten DNA bestehen.
6. Am Folgestrang (und einmal auch am Leitstrang) müssen jetzt noch die RNA-Primer durch eine 5´-3´-Exonuklease, die **DNA-Polymerase I**, herausgeschnitten und durch DNA ersetzt werden. Hierzu besitzt die DNA-Polymerase I eine Ribonuklease- und eine DNA-Polymerasefunktion.
7. Im letzten Schritt der Replikation muss das Enzym **DNA-Ligase** den Kettenschluss zwischen den in Schritt 6 synthetisierten Nukleotidabschnitten durchführen und die DNA-Teilstücke unter ATP-Verbrauch miteinander verbinden. Hierzu aktiviert die DNA-Ligase das jeweilige 5´-Phosphat-Ende durch Anheften eines AMP-Rests. Die Abspaltung dieses AMP-Rests liefert die Energie für den DNA-Kettenschluss.

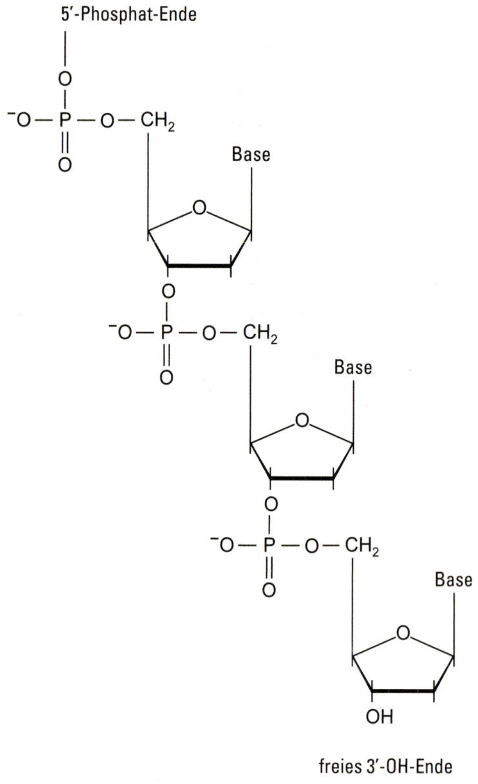

Abb. 27: Freies 3´-OH-Ende medi-learn.de/6-bc4-27

Als Cofaktoren für die Replikation der DNA werden die Nukleotide dATP, dTTP, dCTP und dGTP benötigt. 
– Die Energie für die Verknüpfung der Nukleotide kommt aus der Hydrolyse des gespaltenen Pyrophosphats (PP_i), katalysiert durch Pyrophosphatasen.
– Die DNA-Polymerase III knüpft Phosphodiesterbindungen (1000 Nukleotide/Sec) und besitzt eine Korrekturlesefunktion.
– Die DNA-Polymerase I knüpft Phosphodiesterbindungen (10 Nukleotide/sec), besitzt eine Korrekturlesefunktion sowie eine

1.6.1 Mechanismus der Replikation

Funktion zur Entfernung der Primer und ist das Reparaturenzym der DNA.
- Die Funktion der DNA-Polymerase II ist noch nicht ausreichend bekannt.

Die bisher erläuterten Schritte der Replikation wurden vor allem am Genom des Bakteriums E. coli erforscht. Die Replikation der Eukaryonten verläuft vom Mechanismus her sehr ähnlich ab, weist jedoch auch einige Unterschiede auf:
- Bei E. coli müssen ca. 5 Millionen, beim Menschen ca. 6 Milliarden Basenpaare repliziert werden.
- E. coli hat eine ringförmige DNA, menschliche DNA ist strangförmig und in 23 Chromosomen dicht mit Histonen und Nicht-Histonen verpackt.

Um die DNA dennoch effizient replizieren zu können, verfügen Eukaryonten über zahlreiche Replikationsursprünge – einige Hundert pro Chromosom.

Besonderheiten finden sich auch bei den DNA-anhängigen DNA-Polymerasen selbst. In Säugern kommen fünf DNA-Polymerasen vor – DNA-Polymerase α, β, γ, δ und ε. Die für die Replikation entscheidenden scheinen hier die **Polymerasen δ und ε** zu sein, die sich durch hohe Replikationsgeschwindigkeiten und Korrekturlesefunktion (proof reading) auszeichnen. Die **Polymerasen α und β** zeigen dagegen nur geringe Replikationsgeschwindigkeiten und keine Korrekturlesefunktion. Die **Polymerase γ** übernimmt die DNA-Synthese ausschließlich in Mitochondrien.

Die Replikation der Eukaryoten beginnt nach Auftrennung der DNA-Doppelstränge und Anheftung von stabilisierenden einzelstrangbindenden Proteinen mit der Bindung der **DNA-Polymerase α** – einer DNA-Polymerase mit zusätzlicher Primase-Aktivität (DNA-abhängige RNA-Polymerase). Die Primase repliziert kurze RNA-Primer (8-10 Ribonucleotide) auf beiden entwundenen Matrizensträngen (De-novo-Synthese). Der dabei gebildete Doppelstrang aus Primer-RNA und Matrizen-DNA wird an die assoziierte DNA-Polymerase α weitergereicht, welche am 3´-Ende des RNA-Primers noch ca. 20 Desoxynukleotide (DNA) anfügt. Der Primer besteht bei den Eukary-

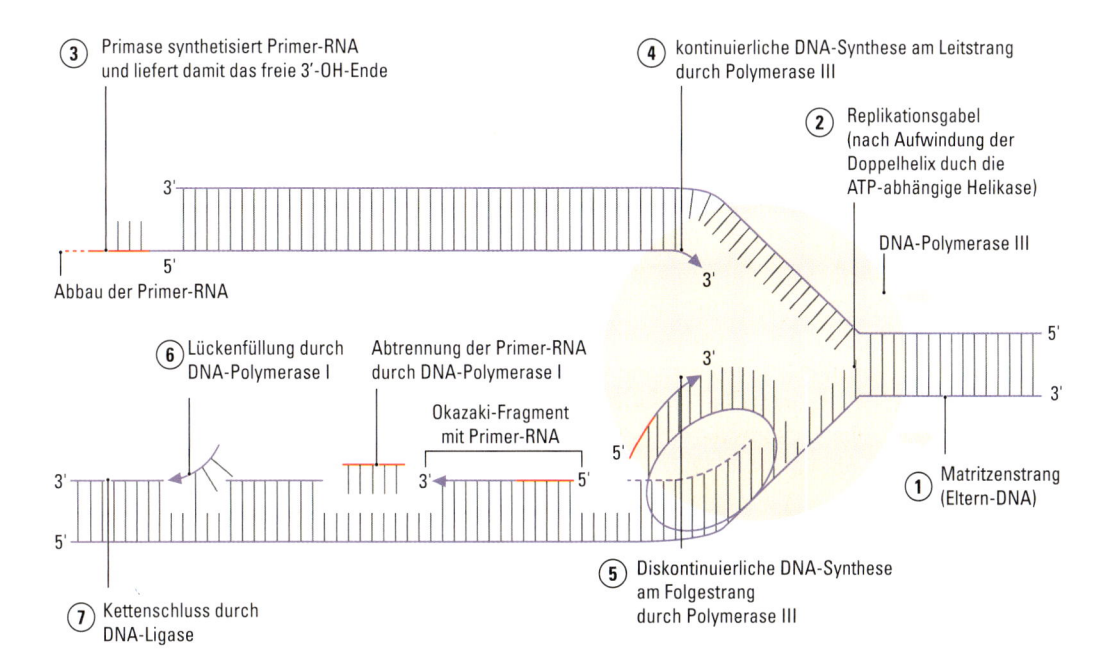

Abb. 28: Replikation in Schritten

onten somit aus Anteilen RNA und DNA. Am 3´-Ende des Primers befindet sich eine Doppelstrang-DNA (ds-DNA). Dieser Übergang zwischen ds-DNA und ss-DNA wird vom Replication Factor C (RF-C) erkannt, welcher dann das **Ringklemmprotein (PCNA, Proliferating-Cell-Nuclear-Antigen)** aufsetzt. An das PCNA kann nun die replikative **DNA-Polymerase δ binden** – es kommt zu einem Polymerasewechsel. Die DNA-abhängige DNA-Polymerase δ übernimmt dann die DNA-Synthese – entweder bis zum nächsten Okazaki-Fragment (Folgestrang) oder bis zur nächsten Replikationsblase (Leitstrang). Während der Elongationsphase bleibt das **Ringklemmprotein (PCNA)** an der DNA-Matrize und der DNA-Polymerase gebunden und verhindert so die Dissoziation der DNA-Polymerase vom DNA-Strang. Bei der Bierhefe – einem Eukaryonten – ist die genaue Zuordnung zu den DNA-Strängen schon geklärt. Dort übernimmt die DNA-Polymerase δ die Synthese am Folgestrang und die DNA-Polymerase ε am Leitstrang.

> **Übrigens ...**
> Die Komplexizität des Replikationssystems beim Menschen spiegelt sich auch darin wieder, dass selbst fünf Jahrzehnte nach Entdeckung der DNA die Identität der DNA-Polymerasen am Leit- und am Folgestrang noch diskutiert wird.

1.6.2 Telomere und Telomerase

Bei Betrachtung von Abb. 28, S. 31 fällt auf, dass auch einmal am Leitstrang ein Primer benötigt wird, um die Replikation zu beginnen. Nach einer erfolgreichen Replikation wird dieser durch die DNA-Polymerase I mit ihrer 5´-3´-Exonukleaseaktivität abgetrennt und es entsteht eine einsträngige DNA-Lücke, die nicht mehr aufgefüllt werden kann – es fehlt das freie 3´-OH-Ende. Mit jeder Replikation wird das Chromosom somit ein Stückchen kürzer. Um jedoch eine Instabilität und einen Genverlust der Chromosomen zu verhindern, besitzen die Enden unserer Chromosomen einige tausend repetitive, G-reiche Sequenzen – die **Telomere**. Nach ca. 30–50 Zellteilungen sind diese jedoch aufgebraucht und weitere Zellteilungen verkürzen tatsächlich codierende Gene, was zum Zelltod führt.

Ausnahmen hiervon bilden die Keimbahnzellen der Testes und Ovarien, sowie Tumorzellen, die eine Möglichkeit besitzen, diesen Alterungsprozess zu umgehen:
Sie besitzen **Telomerasen** (Ribonukleoprotein-Enzyme), die mit ihrer reversen Transkriptaseaktivität als RNA-abhängige DNA-Polymerasen die abgeschnittenen Telomere bei jeder Zellteilung wieder aufbauen können.

1.6.3 Hemmstoffe der Replikation

Die Replikation kann durch die Gabe bestimmter Stoffe gehemmt werden. Von diesen Stoffen gibt es zwar eine ganze Menge, im Physikum wird jedoch nur nach einigen wenigen gefragt.

Hemmstoff	Wirkung	Bedeutung
Mitomycin (Interkalator)	bindet kovalent zwischen den DNA-Strängen und verhindert so die Strangtrennung (Replikations- und Transkriptionshemmstoff)	Zytostatikum
Actinomycin D (Interkalator)	interkaliert die C-G Stellen im DNA-Doppelstrang (Replikations- und Transkriptionshemmstoff)	Zytostatikum, Antibiotikum
Cytosinarabinosid (Nukleotidanalogon)	hemmt die DNA-Polymerase	Zytostatikum
Novobiocin	hemmt die Gyrase von Prokaryonten	Antibiotikum
Hydroxyharnstoff	hemmt die Ribonukleotidreduktase	Zytostatikum

Tab. 2: Übersicht über die prüfungsrelevanten Replikationshemmstoffe

1.6.3 Hemmstoffe der Replikation

Ein Zytostatikum ist ein Hemmstoff der Replikation, Transkription oder Translation in menschlichen Zellen.

Ein Antibiotikum ist ein Hemmstoff der Replikation, Transkription oder Translation in Bakterien.

Einige Hemmstoffe entfalten ihre Eigenschaften sowohl in Bakterien als auch in menschlichen Zellen und sind daher sowohl Antibiotikum als auch Zytostatikum.

Interkalatoren sind Substanzen, die sich zwischen die DNA-Einzelstränge einlagern und dadurch die Strangtrennung sowie die Erzeugung der Replikationsgabel verhindern.

Übrigens ...
Auch bei der **Therapie einer Infektion durch Herpes-simplex-Viren mit Aciclovir** wird die menschliche DNA-Polymerase gehemmt. Entscheidend ist dabei die chemische Verwandtschaft des Aciclovirs mit der Purinbase Guanin.
In Virus-infizierten Zellen führt eine virale Thyminkinase die Monophosphorylierung des Aciclovirs durch. Körpereigene Kinasen phosphorylieren das Aciclovir dann bis zur aktiven Triphosphatform weiter. Wird das so aktivierte Acyclo-GTP anstelle des körpereigenen dGTP

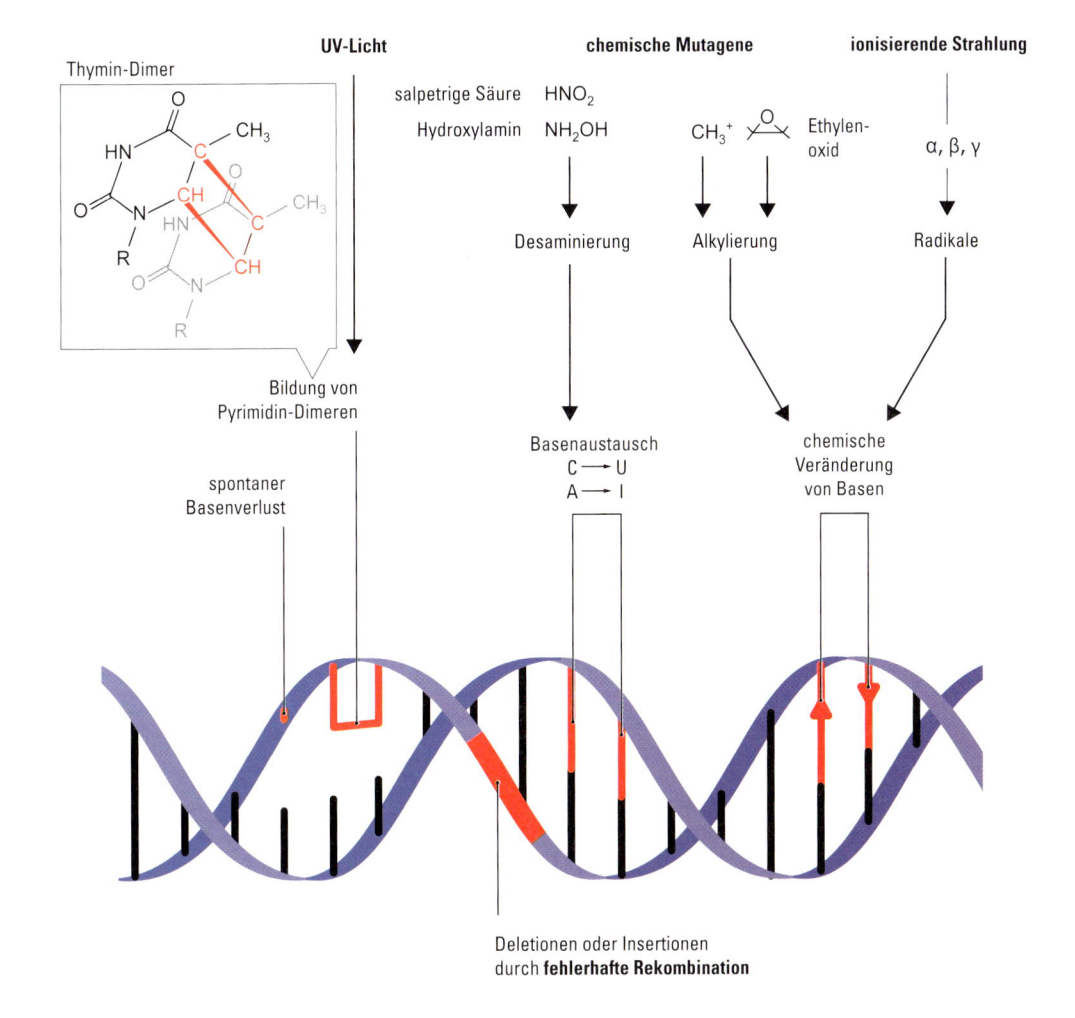

Abb. 29: Mutationen

medi-learn.de/6-bc4-29

durch die DNA-Polymerase für die Replikation verwendet, kommt es zu einem Kettenabbruch, da am Acyclo-GTP keine freie 3´-OH-Gruppe vorhanden ist. Über diesen Mechanismus wirkt Aciclovir als **Virostatikum**.

1.7 Schäden und Reparaturmechanismen der DNA

Schäden an der DNA können spontan auftreten, aber auch durch verschiedene Faktoren verursacht sein. Die wichtigsten davon sind:
- **Chemische Mutagene**, die eine oxidative Desaminierung (Abspaltung von Ammoniak) von Cytosin zu Uracil bewirken können, wodurch sich das entstehende Uracil mit Adenin paart, anstatt wie das ursprüngliche Cytosin mit Guanin,
- **UV-Licht**, das in der DNA zwei Thyminbasen zu einem Thymindimer verknüpfen kann, wobei sich vier Kohlenstoffatome zu einem Cyclobutanring verknüpfen (s. Abb. 29, S. 33),
- **Ionisierende Strahlen**, die Radikale bilden, die wiederum zu chemischen Veränderungen der DNA führen können.

Zur Reparatur von DNA-Schäden, die auf einem der beiden Einzelstränge lokalisiert sich, stehen dem Körper die Mechanismen der Replikation zur Verfügung. Ein System ist das **Basenexzisions-Reparatursystem (BER**, damit ist nicht der Berliner Flughafen gemeint). Hierbei wird in der DNA das durch Desaminierung von Cytosin entstehende Uracil durch spezifische **DNA-Glykosylasen** erkannt und entfernt. Anschließend wird das noch verbliebene Desoxyribosephosphat durch die Enzyme **AP-Endonuclease** (AP, apurin- oder apyrimidinische) geschnitten und durch das Enzym **Phosphodiesterase** die Desoxyribose und das Phosphat entfernt. Durch die **DNA-Polymerase I** (beim Menschen die DNA-Polymerase β) erfolgt dann die komplementäre Auffüllung des Defektes und durch die **DNA-Ligase** der Kettenschluss. Wird die DNA-Doppelhelix durch eine „Buckelbildung" (bulky lesions) eines Einzelstranges in ihrer Architektur gestört, kommt ein weiteres Reparatursystem zum Einsatz. Bei dem **Nukleotidexzisions-Reparatursystem (NER)** werden längere Oligonucleotide (25 - 30 Nukleotide) aus einem geschädigten DNA-Einzelstrang durch **Endonukleasen** herausgeschnitten und die Lücke durch die **DNA-Polymerasen**

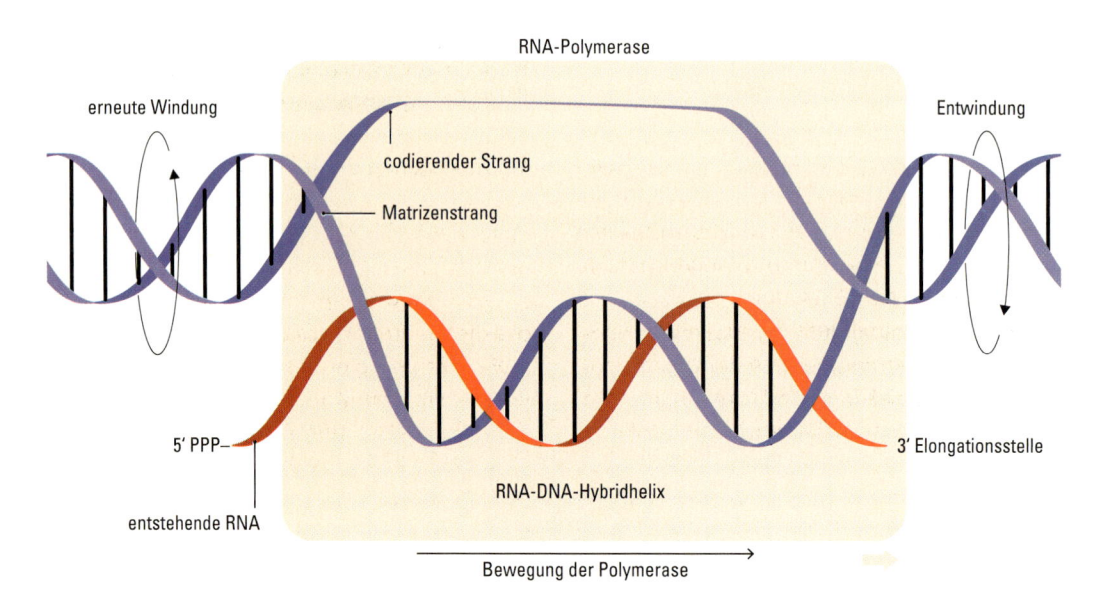

Abb. 30: Mechanismus der Transkription

medi-learn.de/6-bc4-30

I (beim Menschen wahrscheinlich DNA-Polymerasen δ, ε) komplementär aufgefüllt. Durch das Enzym DNA-Ligase wird anschließend die DNA-Kette geschlossen. Bei der Hauterkrankung **Xeroderma pigmentosum**, mit Entstehung multipler Hauttumoren, ist das Nukleotidexzisions-Reparatursystem (NER) defekt.

Bei Prokaryonten bis hin zu Beuteltieren wurde ein weiteres und recht einfaches Reparatursystem - die **Fotoreaktivierung** – gefunden. **Foto-Lyasen** nutzen hierbei Lichtenergie, um den **Cyclobutanring** der **Thymindimere** (s. Abb. 29, S. 33) erneut aufzuspalten und verhindern so Mutationen.

Problematisch ist es nun, wenn die DNA-Schäden auf allen beiden Strängen der DNA-Doppelhelix lokalisiert sind. Hier besteht einerseits die Möglichkeit den Schaden durch **Endonukleasen** auszuschneiden und die entstehenden Enden unter Verlust mehrerer Nukleotide durch eine **DNA-Ligase** zusammenzufügen. Ein Zerfall des Chromosoms wird somit verhindert, jedoch treten häufig Mutationen auf (nichthomologes Endjoining). Eleganter ist da schon die Reparatur des Doppelstrangschadens unter Ausnutzung des diploiden Chromosomensatzes (homologe Rekombination). Hierbei findet das intakte zweite Chromosom als Matrize zur Reparatur Verwendung.

1.8 Transkription

Die Transkription ist der erste Schritt der Proteinbiosynthese und erzeugt einen RNA-Einzelstrang. Dieser RNA-Einzelstrang wird im **Zellkern** an der DNA synthetisiert und umfangreich modifiziert, um dann als **mRNA** durch die Kernporen in das Zytoplasma eingeschleust zu werden. Wie bei der Replikation wird auch hier auf dem DNA-Strang vom 3´- zum 5´-Ende abgelesen und die RNA vom 5´- zum 3´-Ende synthetisiert.

> **Merke!**
>
> In der RNA wird Uracil (U) an Stelle von Thymin (T) eingebaut.

1.8.1 Mechanismus der Transkription

In menschlichen Zellen beginnt die Transkription wie die Replikation mit einer Entspiralisierung der DNA-Doppelhelix durch **Topoisomerasen** und der ATP-abhängigen Auftrennung in die Einzelstränge durch **Helicasen**. Als nächstes binden Transkriptionsfaktoren an eine **Promotorregion** des DNA-Strangs und signalisieren so der RNA-Polymerase den Synthesestartpunkt. Diese Vorgänge werden als **Initiation** der Transkription bezeichnet. Unter **Elongation** versteht man die komplementäre Synthese der **hnRNA** (heteronukleäre RNA). Die **Termination** beginnt mit dem Auffinden der Terminationsstelle auf dem DNA-Einzelstrang und führt zum Zerfall des Transkriptionskomplexes und damit zur Beendigung der Transkription.

Bevor die hnRNA für die Translation – die Proteinbiosynthese – verwendet werden kann, muss sie noch einem **Processing** unterzogen und so zur **mRNA** umgewandelt werden.

1.8.2 Processing der hnRNA

Ein sehr beliebtes Thema im Schriftlichen ist die posttranskriptionelle Modifikation der hnRNA zur mRNA. Hierzu werden die Enden der hnRNA bearbeitet und die Introns aus dem hnRNA-Strang herausgeschnitten.

Modifikationen der hnRNA

Zum Schutz der Enden der RNA werden diese zunächst bearbeitet:
− Am **5´-Ende** des RNA-Strangs wird eine **Cap-Struktur** aus Methylguanosin-Resten (Guanin mit einer Methylgruppe in Position 7) angebaut,
− am **3´-Ende** wird eine Poly-AMP-Struktur aus 50–200 Polyadenyl-Resten (AAAAA...) angehängt

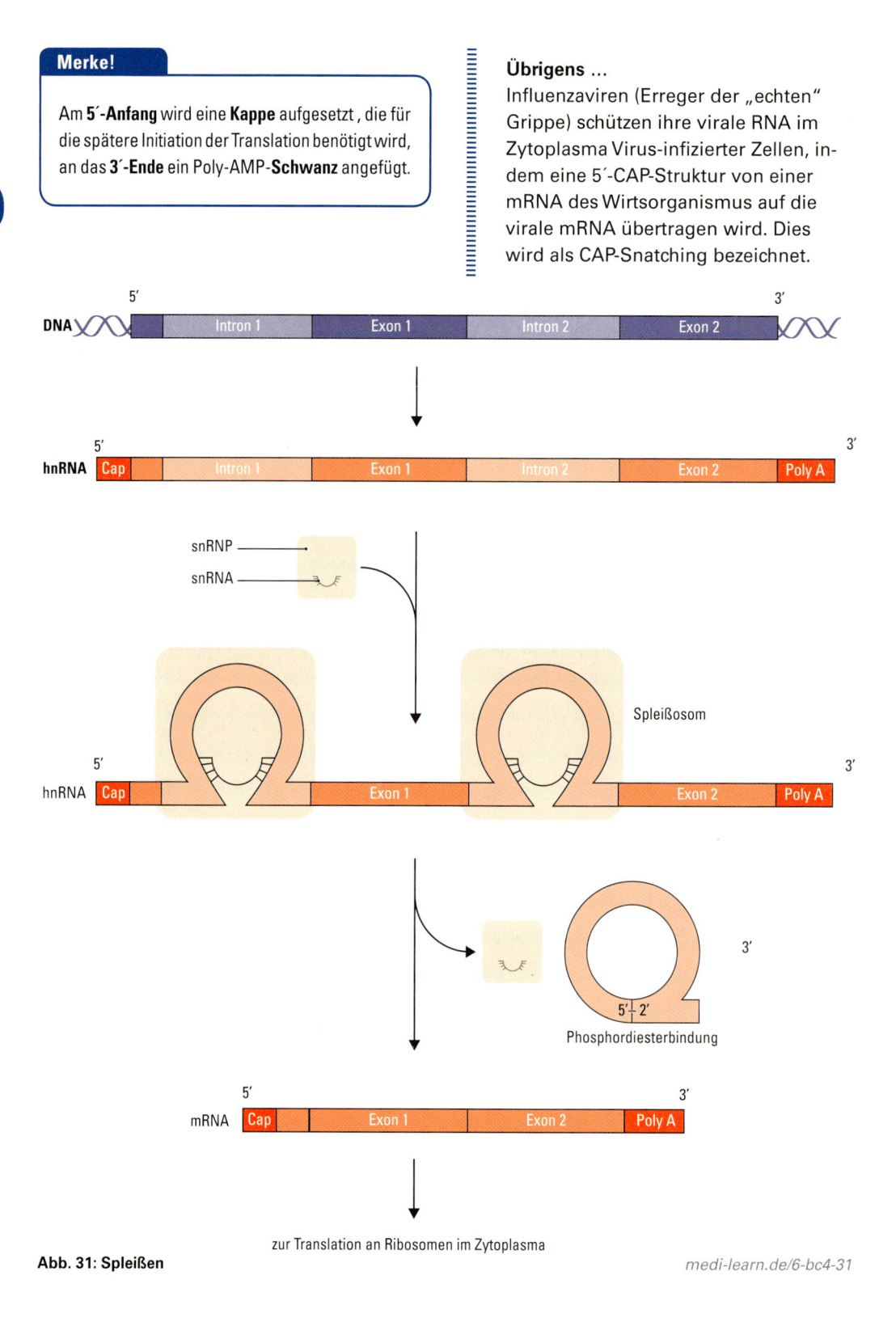

1 Speicherung, Übertragung und Expression genetischer Informationen

> **Merke!**
>
> Am **5´-Anfang** wird eine **Kappe** aufgesetzt, die für die spätere Initiation der Translation benötigt wird, an das **3´-Ende** ein Poly-AMP-**Schwanz** angefügt.

Übrigens ...
Influenzaviren (Erreger der „echten" Grippe) schützen ihre virale RNA im Zytoplasma Virus-infizierter Zellen, indem eine 5´-CAP-Struktur von einer mRNA des Wirtsorganismus auf die virale mRNA übertragen wird. Dies wird als CAP-Snatching bezeichnet.

Abb. 31: Spleißen

medi-learn.de/6-bc4-31

1.8.3 RNA-Polymerasen

Spleißen der hnRNA

Auf der DNA befinden sich Abschnitte, die für eine Aminosäurekette codieren und als **Exons** bezeichnet werden. Diese Exons sollen in die mRNA überführt werden. Daneben befinden sich auf der DNA aber auch Abschnitte, die nicht für ein Protein codieren, da sie z. B. nur eine Steuerfunktion besitzen. Diese Abschnitte der DNA werden als Introns bezeichnet. Eine wichtige Aufgabe des Processings der hnRNA ist das Herausschneiden dieser Intron-Abschnitte aus der hnRNA und das anschließende Verspleißen (Verbinden) der Exonabschnitte, um so die mRNA zu erzeugen. Für das Spleißen der hn-RNA wird ein **Spleißosom** gebildet, das aus **snRNPs** (small nuclear Riboproteinpartikeln), **snRNA** (small nuclear RNA) und Proteinen besteht. Hierbei kommt es zu einer komplementären Basenpaarung zwischen den Intronenden und der snRNA. Das Spleißosom ermöglicht das Herausschneiden der markierten Intronsequenzen durch zwei Umesterungsreaktionen unter Bildung einer **Intron-Lasso-Struktur** mit einer **2´,5´-Phosphodiesterbindung**.
Im letzten Schritt des Spleißens wird wieder eine DNA-Ligase benötigt, um die verbliebenen Nukleotide zu verbinden.

> **Merke!**
>
> Durch zwei Umesterungsreaktionen und unter Ausbildung einer 2´,5´-Phosphorsäurediesterbindung wird eine Intron-Lasso-Struktur ausgebildet und so ein Intron nach dem anderen aus dem RNA-Strang herausgeschnitten.

Beispiel

Frage: Angenommen ein Gen enthalte ein Exon mit 60 Basenpaaren und ein Startcodon auf Exonposition 27. Darauf folge ein Intron mit 123 Basenpaaren und das 2. Exon mit 40 Basenpaaren, das ein Stoppcodon auf Exonposition 33 besitze.

Wieviele Basenpaare enthält die reife mRNA?
Lösungsweg: Zur Lösung dieser Aufgabe braucht man nur zu wissen, dass eine reife mRNA Exons enthält, aber keine Introns.

Antwort: Die reife mRNA besteht aus 60 + 40 = 100 Basenpaaren.

1.8.3 RNA-Polymerasen

Die Hauptarbeit der Transkription wird von RNA-Polymerasen geleistet. In menschlichen Zellen werden insgesamt drei RNA-Polymerasen unterschieden. Sie synthetisieren verschiedene RNA-Produkte (s. Tab. 3, S. 37).

Typ	Transkriptionsprodukt
RNA-Polymerase I	Vorläufer der rRNA
RNA-Polymerase II	Vorläufer der mRNA (hnRNA)
RNA-Polymerase III	tRNA und snRNA

Tab. 3: Menschliche RNA-Polymerasen und ihre Produkte

> **Übrigens ...**
>
> Das tödliche Gift des Knollenblätterpilzes – **α-Amanitin** – hemmt in geringen Mengen die **RNA-Polymerase II** und somit die Herstellung der mRNA, wodurch die Proteinsynthese beeinträchtigt wird. In größeren Mengen hemmt α-Amanitin auch die **RNA-Polymerase III**.

1.8.4 Transkriptionskontrolle

Damit zur richtigen Zeit immer die richtigen Mengen an Funktions- und Strukturproteinen synthetisiert werden, ist ein komplexes Zusammenspiel zwischen RNA-Polymerasen sowie Aktivator- und Suppressorproteinen mit bestimmten Abschnitten auf der DNA notwendig. Hierzu besitzt die DNA einen speziellen

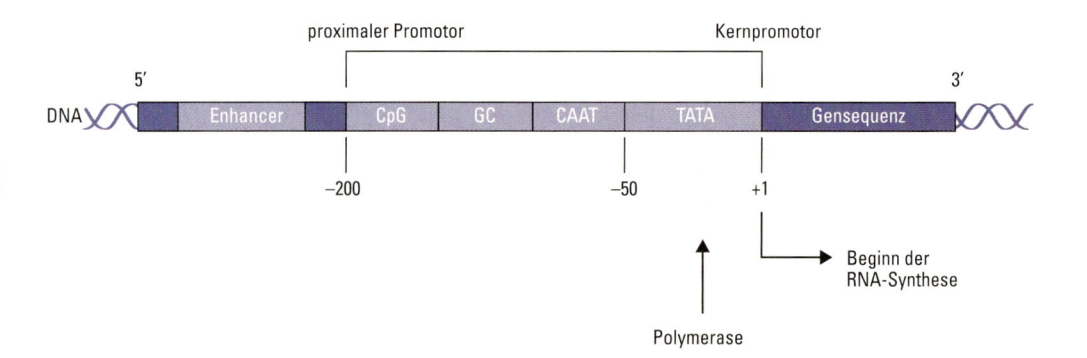

1 Speicherung, Übertragung und Expression genetischer Informationen

Abb. 32: Aufbau eines Promotors

Aufbau: Einer **Gensequenz**, die für ein Protein codiert, ist immer ein **Promotor** direkt vorgelagert. Daneben befinden sich noch Abschnitte auf der DNA, die weiter von der Gensequenz entfernt liegen, aber trotzdem auf die Genaktivität einwirken und **Enhancer** genannt werden.

> **Merke!**
>
> Die Genaktivität wird hauptsächlich auf der Stufe der Transkription reguliert.

Promotoren

Promotoren sind Abschnitte auf der DNA, die direkt oberhalb der Startstelle für die Transkription liegen und für die Bildung des Initiationskomplexes der Transkription wichtig sind. Sie beinhalten die Anlagerungsstelle für die RNA-Polymerasen. Der **Kernpromotor** liegt dabei am nächsten zum Transkriptionsstartpunkt des Gens. Hier finden sich häufig viele Adenin- und Thymin-Reste, die als **TATA-Box** bezeichnet wird. Der weiter entfernte **proximalen Promotor** kann eine CAAT-Box, eine GC-Box oder eine CpG-Insel enthalten. Hier finden sich auch Bindungsstellen für Transkriptionsfaktoren. Sind die **CpG-Sequenzen** eines Gens methyliert (DNA-Methylierung von Cytosin zu 5-Methylcytosin, s. Abb. 3 a, S. 3) findet keine Transkription statt – es liegt eine Genrepression vor.

Enhancer

Enhancer-Bereiche sind **eukaryontische** DNA-Abschnitte, die somit NICHT bei Bakterien vorkommen. Sie liegen weiter entfernt von der Gensequenz und dem Promotor, vermitteln jedoch die Regulierbarkeit der Gensequenzen durch Pharmaka, Hormone und andere Signalstoffe.

> **Merke!**
>
> Enhancer finden sich nur in der DNA von Eukaryonten – NICHT bei Prokaryonten.

Zinkfingerelemente

Damit die Regulationsproteine (die Transkriptionsfaktoren) an die DNA binden und ihre steuernde Funktion ausführen können, benötigen sie in ihrer Proteinstruktur z. B. Zinkfingerelemente (Zinkfingerdomänen = DNA-Bindungsdomänen). Dabei handelt es sich um Aminosäureketten mit **Cystein- und/oder Histidin-Resten**, die durch ein zentrales **Zinkion** zusammengehalten werden und wie die Finger einer Hand aussehen. Zinkfinger finden sich bei zytosolischen Regulationsproteinen wie den **Hormonrezeptoren** – den nukleären Rezeptoren –, die nach Bildung von Hormonrezeptorkomplexen in den Zellkern überführt werden und dann über die Bindung an die große Furche der DNA bestimmte Gensequenzen

1.8.4 Transkriptionskontrolle

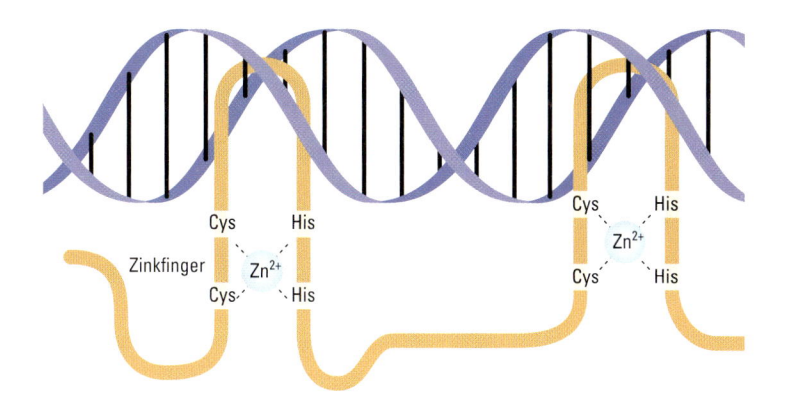

Abb. 33: Transkriptionsfaktor mit Zinkfinger

medi-learn.de/6-bc4-33

regulieren. Ein Beispiel sind die **Steroidrezeptoren** wie der Östrogenrezeptor oder der Rezeptor für 1,25-Dihydroxycholecalciferol.

Leucin-Zipper-Proteine

Weitere Proteine, durch die DNA-Abschnitte gebunden werden können, sind die Leucin-Zipper-Proteine (Leucin-Reißverschluss), die aus zwei Leucin-reichen Proteinen bestehen. Diese Proteine lagern sich aneinander, binden an die DNA und starten dadurch regulative Vorgänge.

Lac-Operon

Prokaryonten wie E. coli besitzen einige, neuerdings wieder gern gefragte Besonderheiten der Transkriptionskontrolle: Bei ihnen liegen viele Gene gehäuft in **Operons** – den Einheiten der koordinierten Genexpression – vor. Operons sind Bestandteil der Plasmide (ringförmige doppelsträngige DNA der Prokaryonten). Durch Klonierung von Gensequenzen in ein Plasmid können Bakterien zur Produktion von z. B. humanen Peptidhormonen benutzt werden (s. 1.10.4, S. 58).
E. coli verstoffwechselt normalerweise Glucose. Bei einem Mangel an Glucose müssen jedoch andere Energiequellen angezapft werden. Ist Lactose anwesend, wird das Enzym ß-Galactosidase benötigt, um die Lactose spalten und verstoffwechseln zu können. Die Regulation der Genexpression obliegt dem Lac-Operon. Ist keine Lactose vorhanden, bindet der Lac-Repressor an die DNA und unterdrückt die Transkription des Lac-Operons. Der Lac-Repressor wird durch ein Regulatorgen codiert, das sich vor dem Lac-Operon befindet. In Anwesenheit von Lactose bindet diese an den Lac-Repressor, was zum Ablösen des Lac-Repressors von der DNA und damit zur Freigabe des Transkriptionsstartpunktes führt (s. Abb. 34, S. 40).

Daneben können aber auch Signale direkt aus der Zelle – ohne Anwesenheit von Lactose – die Transkription beginnen lassen. So ist z. B. cAMP in der Lage, mit einem cAMP-Reaktionsprotein an einen Lac-Promotor zu binden und darüber die Bindung der RNA-Polymerase an die DNA zu erleichtern. Am Lac-Operon ist die Genexpression am stärksten, wenn Lactose die Hemmung des Lac-Repressors aufgehoben hat und gleichzeitig der cAMP-/cAMP-Reaktionsprotein-Komplex die Bindung der RNA-Polymerase stimuliert.

1 Speicherung, Übertragung und Expression genetischer Informationen

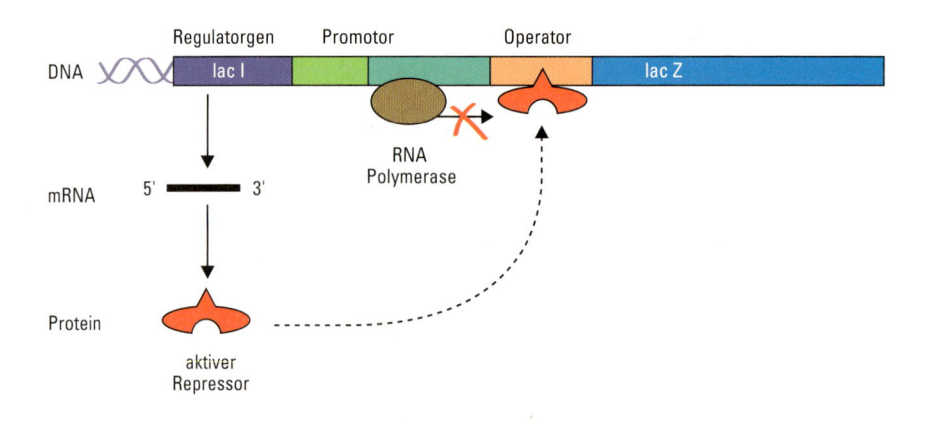

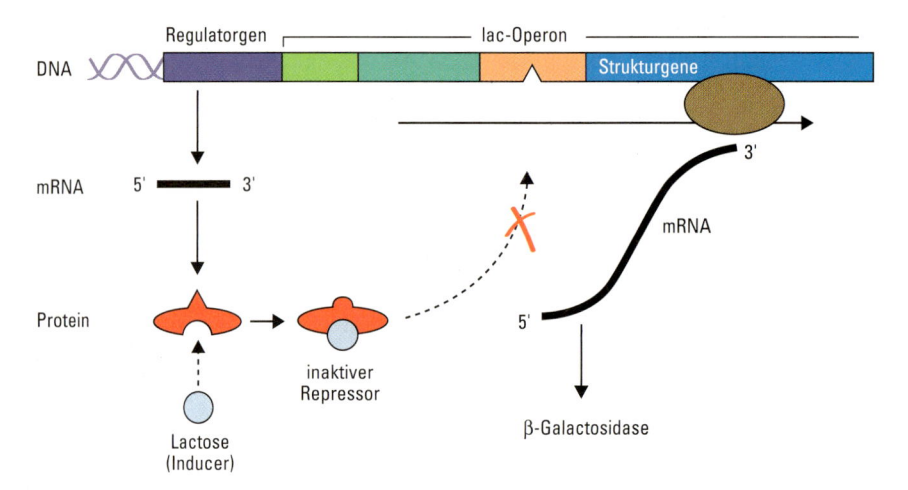

Abb. 34: Lac-Operon

1.8.5 Hemmstoffe der Transkription

Auch diese Hemmstoffe werden im Physikum sehr gerne gefragt. Unterschieden werden – wie bei den Hemmstoffen der Replikation – die **Antibiotika** und die **Zytostatika**, wobei hier auch gerne nach einem für uns Menschen gefährlichen **Pilzgift**, das zu den Transkriptionshemmstoffen gehört, gefragt wird.

> **Merke!**
>
> **RAMA** schmeckt **G**ut, für die Anfangsbuchstaben der Transkriptionshemmstoffe.

1.9 Translation

Die Translation ist der zweite Schritt der Proteinbiosynthese. Sie findet an Ribosomen statt und beinhaltet die Übersetzung der Information, die in der Basensequenz der mRNA verschlüsselt ist, in die Aminosäuresequenz einer Proteinkette.
- Export- und Membranproteine werden an den Ribosomen synthetisiert, die an das raue endoplasmatische Retikulum binden.
- Zytoplasmatische Proteine werden an den freien Ribosomen des Zytoplasmas synthetisiert, die sich oft zu Polysomen zusammenlagern.

1.9.1 genetischer Code

Auch die Translation ist ein überaus komplexer Vorgang, der aber bisher im Physikum nur in einigen Punkten vertiefend gefragt wurde. Daher ist auch hier die Konzentration auf diese physikumsrelevanten Aspekte sinnvoll.

Hemmstoff	Wirkung	Bedeutung
Rifampicin	hemmt selektiv die bakterielle RNA-Polymerase	Antibiotikum
Actinomycin D (z. B. Dactinomycin)	interkaliert die C-G-Stellen der DNA, hemmt die RNA-Polymerase und ein wenig auch die DNA-Polymerase (Replikations- und Transkriptionshemmstoff)	Zytostatikum, Antibiotikum
Mitomycin	kovalente Bindung an die DNA, hemmt die RNA- und DNA-Polymerase (Replikations- und Transkriptionshemmstoff)	Zytostatikum
α-Amanitin	hemmt die eukaryontische RNA-Polymerase II und III	Gift des Knollenblätterpilzes
Gyrase- (Topoisomerase) Hemmstoffe	irreversible Hemmung der bakteriellen Topoisomerase II (Gyrase)	Antibiotikum

Tab. 4: Übersicht über die Hemmstoffe der Transkription

1.9.1 genetischer Code

Zum Verständnis der Translation solltest du dich zuvor mit dem genetischen Code beschäftigt haben (s. Abb. 35, S. 43).
Die Reihenfolge der Aminosäuren – die zusammengesetzt ein Protein ergeben – wird im Erbgut gespeichert. Um eine Aminosäure zu codieren, werden je drei Basen benötigt = das **Basentriplett**, das auch als **Codon** bezeichnet wird. Unter dem genetischen Code versteht man die Verschlüsselung der proteinogenen Aminosäuren durch vier verschiedene Basen der Nukleinsäuren in einem Basentriplett.

Beispiel

Frage: Angenommen, ein Gen enthalte drei Exons mit jeweils 300, 600 und 900 Basen und die mittlere Molekülmasse einer Aminosäure würde 110 betragen. Welche Molekülmasse besitzt das Protein?

Lösungsweg: Zunächst sollte man wissen, dass drei Basen für eine Aminosäure kodieren. In diesem Beispiel sind das $100 + 200 + 300 = 600$ Aminosäuren. Zusammen bringen diese eine Molekülmasse von $600 \cdot 110 = 66\,000$ auf die Waage.

Antwort: Das Protein hat die Molekülmasse 66000.

Im ersten Teil dieses Skripts wurde die Synthese der Basen der Nukleinsäuren besprochen und festgestellt, dass uns zwei Purinbasen und zwei Pyrimidinbasen für die Codierung zur Verfügung stehen. Somit ergeben sich im genetischen Code rein rechnerisch: $4^3 =$ **64 Codierungsmöglichkeiten**. Zur Termination der Translation werden drei sogenannte **Nonsens-Codons** (Stop-Codons, UAG, UGA und UAA) genutzt. Die restlichen 61 codieren für insgesamt 20 proteinogene Aminosäuren.
Unter bestimmten Bedingungen kann das **Stop-Codon UGA** jedoch auch für eine Aminosäure – die **21. proteinogene Aminosäure** – codieren: das **Selenocystein (Sec)**. Der Einbaumechanismus von Selenocystein in Proteine unterscheidet sich stark von dem aller anderen Aminosäuren. Seine Insertion erfordert einen neuartigen Translationsschritt: die Selenocystein spezifische tRNA (tRNASec) hat das Anticodon UCA und paart sich mit dem Codon UGA der mRNA. Normalerweise bewirkt das Codon UGA die Termination der Translation. Bildet die mRNA jedoch eine spezielle Haarnadelstruktur aus, wird das Stoppcodon UGA ignoriert und

1 Speicherung, Übertragung und Expression genetischer Informationen

das Selenocystein kann in das Protein eingebaut werden. Dieser Vorgang wird auch als **Recodierung** des genetischen Codes bezeichnet.

> **Übrigens ...**
> Einige **Bakterien** nutzen gelegentlich ein UAG-Stop-Codon für eine 22. proteinogene Aminosäure: das Pyrrolysin Diese ist jedoch beim Menschen noch nicht nachgewiesen worden.

Wird während der Translation ein Codon falsch decodiert (eine falsche Aminosäure verwendet), so stimmt die Struktur des hergestellten Proteins nicht mehr und es funktioniert nicht mehr wie vorgesehen. Offenbar war es daher sehr früh in der Evolutionsgeschichte notwendig, den genetischen Code mit einer gewissen **Fehlertoleranz** auszustatten: Er ist ein so genannter **degenerierter Code**. Das bedeutet, dass abzüglich der Stop-Codons für die 20 Aminosäuren, 61 unterschiedliche Codons zu Verfügung stehen. Wie in Abb. 35, S. 43 zu sehen, werden für manche Aminosäuren mehrere Codons verwendet. Diese unterscheiden sich in der Regel nur in einer ihrer drei Basen. Wird also eine der Basen falsch gelesen, liegt die Wahrscheinlichkeit, dass trotzdem die richtige Aminosäure ausgewählt wird, noch immer bei ca. 60 %. Meist unterscheiden sich die betroffenen Codons in der **dritten (wobble) Base** eines Codons, die bei der Translation am häufigsten falsch gelesen wird. Ein weiterer Schutzmechanismus besteht darin, dass Aminosäuren, die häufiger in Proteinen vorkommen, mehr Codons haben, die für sie kodieren als Aminosäuren, die seltener auftauchen.

Bis auf wenige Ausnahmen ist der genetische Code für alle Lebewesen gleich, alle bedienen sich also der gleichen „genetischen Sprache". Da ein bestimmtes Codon immer für dieselbe Aminosäure codiert, ist es möglich, das Gen für menschliches Insulin beispielsweise in Bakterien einzuschleusen und so gentechnisch Insulin produzieren zu lassen. Dieses Grundprinzip wird als **„Universalität des genetischen Codes"** bezeichnet.

1. Position	2. Position				3. Position
	U (A)	**C** (G)	**A** (T)	**G** (C)	
U (A)	Phe	Ser	Tyr	Cys	**U** (A)
	Phe	Ser	Tyr	Cys	**C** (G)
	Leu	Ser	Ende	Ende/Sec	**A** (T)
	Leu	Ser	Ende	Trp	**G** (C)
C (G)	Leu	Pro	His	Arg	**U** (A)
	Leu	Pro	His	Arg	**C** (G)
	Leu	Pro	Gln	Arg	**A** (T)
	Leu	Pro	Gln	Arg	**G** (C)
A (T)	Ile	Thr	Asn	Ser	**U** (A)
	Ile	Thr	Asn	Ser	**C** (G)
	Ile	Thr	Lys	Arg	**A** (T)
	Met	Thr	Lys	Arg	**G** (C)
G (C)	Val	Ala	Asp	Gly	**U** (A)
	Val	Ala	Asp	Gly	**C** (G)
	Val	Ala	Glu	Gly	**A** (T)
	Val	Ala	Glu	Gly	**G** (C)

Tab. 5: Genetischer Code

1.9.2 tRNA

> **Merke!**
>
> – Die Codierung AUG ist für die Starter-Aminosäure Methionin reserviert.

1.9.2 tRNA

Die transfer-RNA ist der eigentliche Übersetzungsschlüssel der Proteinbiosynthese. Sie bringt die richtige Aminosäure mit dem zur mRNA passenden Anticodon zu den Ribosomen. Dafür hat die tRNA eine typische Kleeblattstruktur und besitzt die Merkmale (s. Abb. 36, S. 45):

– das 3´-OH-Ende aller tRNAs ist identisch (CCA) und die Bindungsstelle für die Aminosäure,
– das Anticodon der tRNA erkennt das Codon der mRNA und
– das Anticodon der tRNA besitzt einen hohen Anteil an seltenen Basen, wie Hypoxanthin und Methylcytosin (s. 1.2.3, S. 2).

Nach der **Wobble-Hypothese** (engl. wobble = wackeln, Wackelbasen-Hypothese) ist die Basenpaarung der dritten Base des Codons mit der ersten Base des Anticodons der tRNA ungenau und es sind neben den typischen Basenpaarungen A-U und G-C auch seltene Basenpaarungen mit Inosin möglich. Somit ist die Wobble-Hypothese eine Erklärung für die Degeneriertheit des genetischen Codes und dafür, dass wahrscheinlich nicht mehr als **41 verschiedene tRNAs** in einer Zelle existieren.

Aminosäure	Anticodon der tRNA (3´ → 5´)	Codon-Wobblebase (5´ → 3´)
Ala	CGI	GC – U, C, A
Ser	AGI	UC – U, C, A

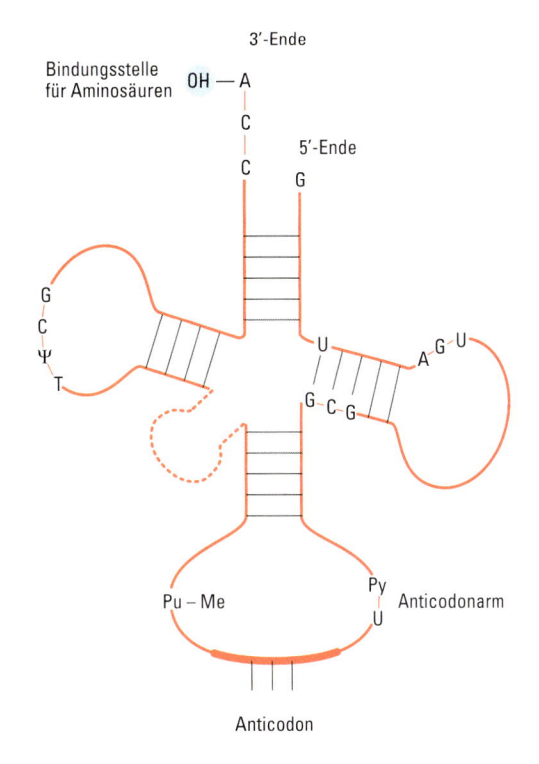

Abb. 35: tRNA   *medi-learn.de/6-bc4-35*

1.9.3 Ribosomen

Die Ribosomen sind der Ort der Proteinbiosynthese. Sie werden aus einer kleinen und einer großen Untereinheit gebildet und sind aus rRNA (ribosomaler RNA) und Proteinen aufgebaut. Die Ribosomen von Eukaryonten bestehen aus insgesamt vier rRNA verteilt auf die große (28S + 5,8S + 5S) und die kleine (18S) Untereinheit. Im Zellkern werden die rRNA und die Proteine zu funktionsfähigen Untereinheiten zusammengesetzt und so über die Kernporen in das Zytoplasma ausgeschleust.

> **Merke!**
>
> Als **Ribozym** (von **Ribo**nukleinsäure (RNA) und En**zym**) sind rRNAs in Ribosomen an der Peptidyltransferasereaktion beteiligt. Diese rRNAs haben wie Enzyme katalytische Aufgaben.

1 Speicherung, Übertragung und Expression genetischer Informationen

Es gibt einige prüfungsrelevante Unterschiede zwischen den menschlichen (eukaryontischen) und den bakteriellen (prokaryontischen) Ribosomen:

	Eukaryonten	Prokaryonten
komplettes Ribosom	80S	70S
kleine Untereinheit	40S	30S
große Untereinheit	60S	50S

Tab. 6: Ribosomen

Merke!

Mit „S" ist der Sedimentationskoeffizient in der Ultrazentrifuge angegeben. Ein Wert, der vom Gewicht des Proteins und seiner Oberfläche abhängt und der nicht addiert werden kann.

1.9.4 Mechanismus der Translation

Für die Synthese eines funktionsfähigen Proteins müssen fünf Schritte durchlaufen werden:
1. Aktivierung der Aminosäuren im Zytoplasma
2. Bildung des Initiationskomplexes
3. Elongation
4. Termination
5. posttranslationale Modifikationen

Aktivierung der Aminosäuren

Eine im Physikum sehr oft geprüfte Reaktion ist die Anknüpfung einer Aminosäure an ihre spezifische tRNA, die entsprechend dem genetischen Code das richtige Anticodon trägt. Diese Reaktion wird durch das Enzym **Aminoacyl-tRNA-Synthetase** katalysiert und findet im Zytoplasma statt.
Im ersten Schritt wird dabei die **Aminosäure** durch ein **ATP** aktiviert. Dadurch entsteht das **Aminoacyl-AMP**, eine energiereiche Verbindung, die das Anknüpfen der Aminosäure an die tRNA erleichtert.

In einer zweiten Reaktion wird dann die Aminosäure über eine **Esterbindung** an das **3´-Ende** der tRNA gebunden und es entsteht die **Aminoacyl-tRNA**.

Merke!

– Für jede Aminosäure gibt es mindestens eine spezifische Aminoacyl-tRNA-Synthetase und eine spezifische tRNA.
– Die Hydrolyse des Pyrophosphats (PP_i) liefert die Energie zur Anknüpfung der Aminosäure an das 3´-Ende.

Bildung des Initiationskomplexes

Für die Ausbildung des Initiationskomplexes werden die **Starter-Methionin-tRNA**, der mit GTP beladene eukaryontische Initiationsfaktor **eIF-2**, die **mRNA** sowie die **große und kleine ribosomale Untereinheit** benötigt. Liegen alle diese Bestandteile vor, kommt es zur Bindung der Methionin-tRNA an die mRNA und zur Zusammenlagerung der großen mit der kleinen Ribosomen-Untereinheit.

Merke!

Die große Untereinheit der Ribosomen besitzt die Peptidyltransferaseaktivität und die kleine Untereinheit ist für die mRNA-Erkennung verantwortlich.

Übrigens ...

Bei der **Leukodystrophie**, einer Erkrankung mit fortschreitender Degeneration der weißen Substanz des Hirns, findet sich eine Mutation in den Genen für den eIF-2B. Der eIF-2B katalysiert die reverse Phosphorylierung als GDP-GTP-Austausch am eIF-2 – dem wichtigen Angriffspunkt für die Regulation der Proteinbiosynthese (s. Abb. 37, S. 46).

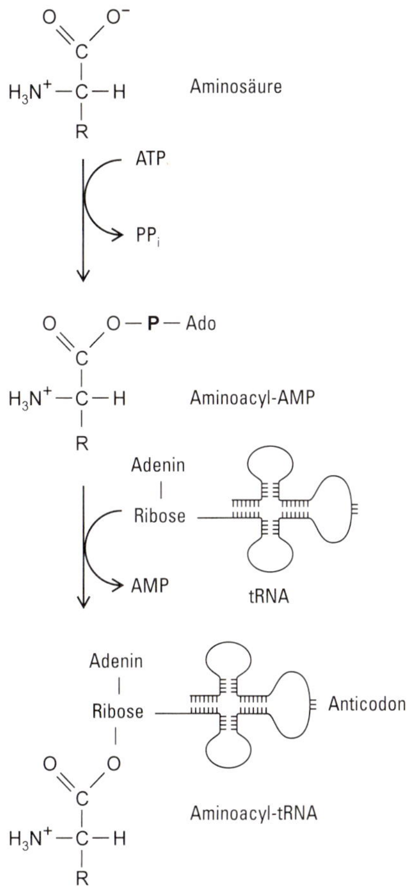

1.9.4 Mechanismus der Translation

Abb. 36: Aktivierung der Aminosäuren im Zytoplasma
medi-learn.de/6-bc4-36

Die Hydrolyse von Phosphat aus GTP liefert die Energie für die Zusammenlagerung mit der großen Untereinheit eines Ribosoms = Initiationskomplex.

Elongation der Translation

Die Elongation bezeichnet den sich wiederholenden Zyklus der Kettenverlängerung. Zum Verstehen dieses Vorgangs ist noch der Aufbau der Ribosomen wichtig: Auf der kleinen Untereinheit der Ribosomen befinden sich nämlich zwei Bindungsstellen für die tRNA:
– die **Akzeptorstelle**, sie liegt in Richtung der Synthese,
– die **Peptidylstelle**, sie folgt der Akzeptorstelle.
– eine weitere Region der Ribosomen, die als **Exit-Stelle** (E-Stelle) bezeichnet wird, dient zum Ausschleusen der entladenen tRNAs.

Doch nun zur eigentlichen Kettenverlängerung. Am Ende der Initiation ist eine tRNA in der Peptidylstelle gebunden. Es werden die folgenden Schritte durchgeführt:

1. Eine neue Aminoacyl-tRNA bindet an die Akzeptorstelle. Hierfür werden GTP-beladene eukaryontische Elongationsfaktoren benötigt.
2. Die Knüpfung der **Peptidbindung** wird katalysiert durch eine rRNA der großen Untereinheit die als Ribozym die Peptidyltransferase-Funktion übernimmt. Hierbei erfolgt durch einen **nukleophilen Angriff** der Aminogruppe der in der Akzeptorstelle gebundenen Aminosäure auf die Esterbindung der in der Peptidylstelle gebundenen Aminosäure das Knüpfen der Peptidbindung. Durch diesen nukleophilen Angriff wird die Aminosäure aus der Peptidylstelle auf die Aminosäure in der Akzeptorstelle übertragen und die Aminosäurekette verlängert. An die Peptidylstelle ist somit nur noch eine unbeladene tRNA gebunden.
3. Im letzten Schritt erfolgt die Translokation, wodurch die Peptidkette aus der vorderen Akzeptorstelle in die hintere Peptidylstelle gelangt. Hierzu wird der GTP-beladene Elongationsfaktor **eEF-2** benötigt.
4. Mit der Wanderung des Ribosoms auf der mRNA um drei Basen wird die nun leere tRNA aus der P-Stelle über die **E-Stelle** (Exit-Stelle) aus dem Ribosom ausgeschleust. Anschließend kann die Elongation von neuem starten.

> **Merke!**
>
> Die Translokation erfolgt durch einen Positionswechsel des Ribosoms. Die tRNAs bleiben an der mRNA gebunden und verändern ihre Position während der Translokation nicht. Abgelesen wird die mRNA bei der Translation von 5′ nach 3′.

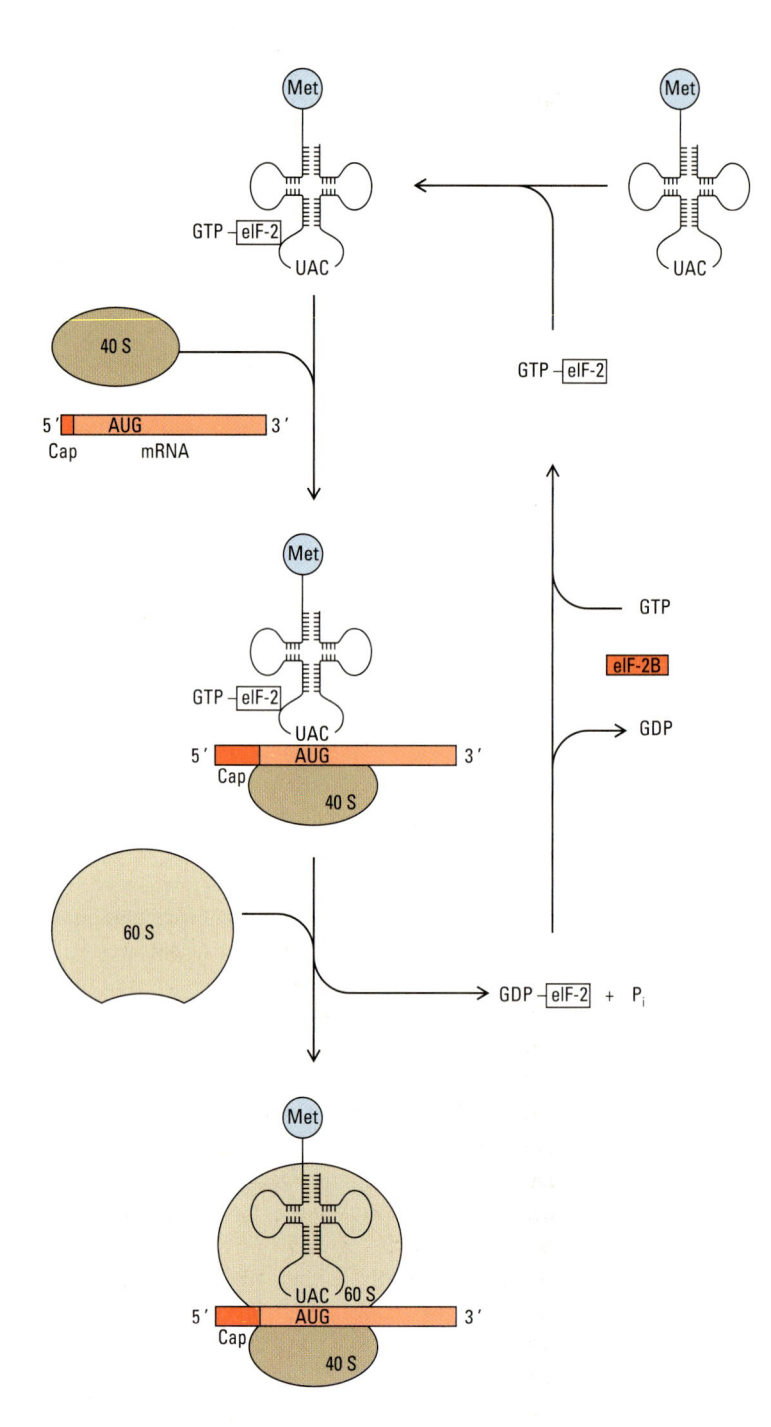

Abb. 37: Initiationskomplex

1.9.4 Mechanismus der Translation

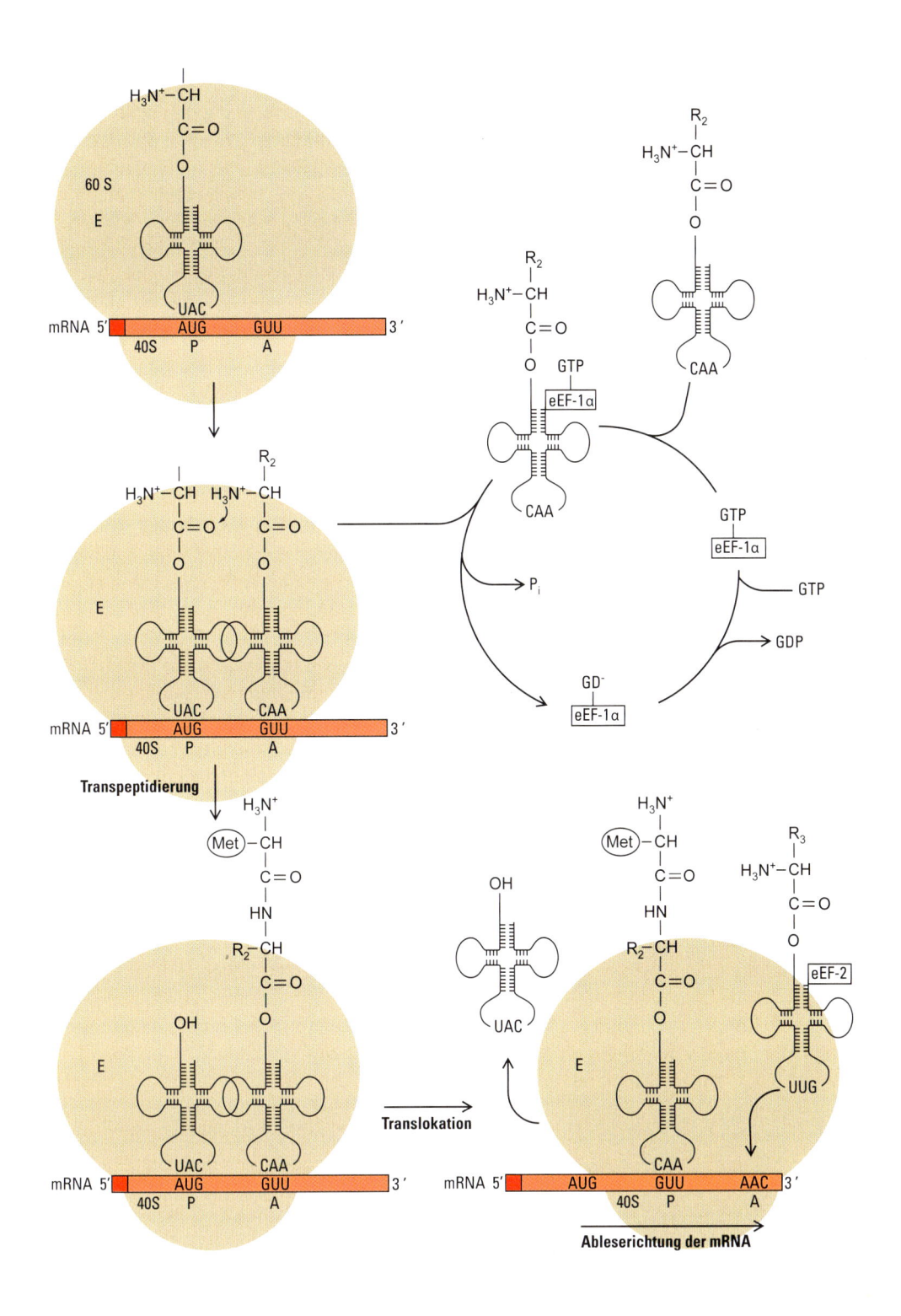

Abb. 38: Elongation der Translation

medi-learn.de/6-bc4-38

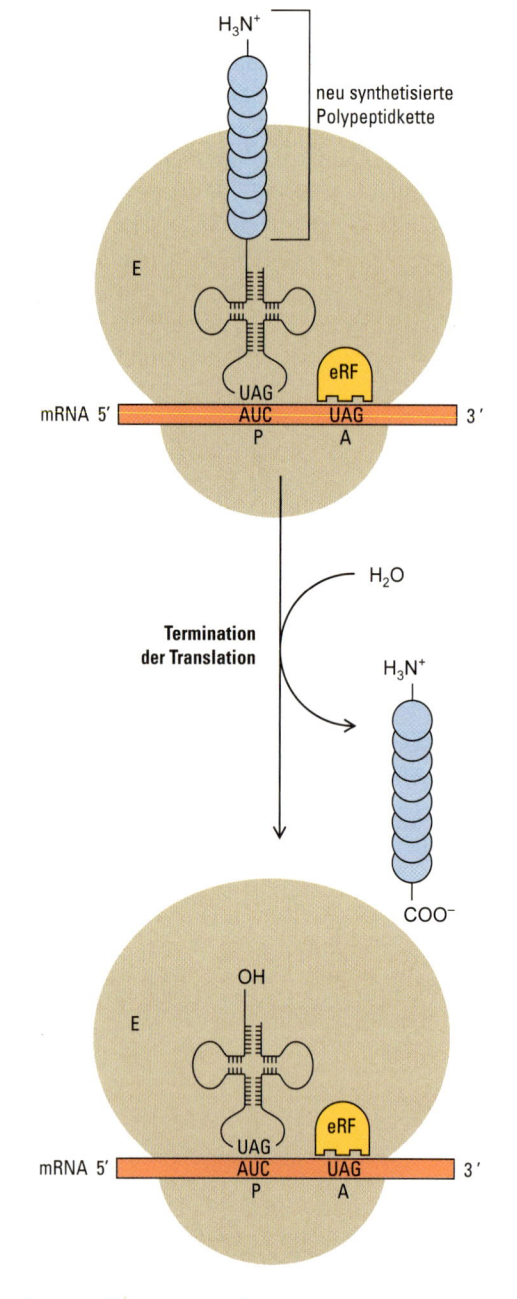

1 Speicherung, Übertragung und Expression genetischer Informationen

Abb. 39: Termination der Translation

medi-learn.de/6-bc4-39

Termination der Translation

Beendet wird die Synthese der Proteinkette durch das Erscheinen eines Stop-Codons (UAA, UAG und UGA) in der führenden Akzeptorstelle. Daraufhin kommt es zu einer Bindung des **eukaryontischen Releasingfaktors** in der Akzeptorstelle und zum Zerfall des Ribosoms in seine Untereinheiten. Die neu synthetisierte Peptidkette wird freigesetzt und posttranslational weiter verändert.

Kommt es aufgrund einer Mutation im Gen eines Proteins zu einem Abbruch der Translation, wird dieser Defekt als Nonsense-Mutation bezeichnet.

1.9.5 Posttranslationale Modifikationen

Viele Proteine müssen nach ihrer Synthese noch mannigfaltig verändert werden, um ihre Funktionen ausführen zu können. Im Rahmen dieser Veränderungen werden die Proteine **hydroxyliert**, **desaminiert**, **glykosyliert**, **phosphoryliert**, **carboxyliert**, unterliegen einer **limitierten Proteolyse** oder es werden **Disulfidbrücken** im Protein aufgebaut. Glykosylierungen finden im endoplasmatischen Retikulum (ER), im Golgi-Apparat und im Cytosol statt. An Export- und Membranproteine werden durch Glykosyltransferasen im Lumen des endoplasmatischen Retikulums vorgefertigte Oligosaccharide vorwiegend an den Stickstoff der freien Säureamidgruppe der Aminosäure **Asparagin** durch eine N-Glykosylierung angeheftet (Ausnahme: unglykosyliertes Serumalbumin! Zu O-Glykosylierung s. 2.1.3, S. 67 und 2.1.1, S. 62). Die Glykosylierung der Proteine dienen unter anderem der Stabilisierung, der Faltungskontrolle, dem intrazellulären Transport der Export- und Membranproteine (Proteintargeting), als struktureller Bestandteil von Zellmembranen, als Gleitmittel (Mucos - Schleim), der Zellinteraktion und dem Schutz vor proteolytischem Abbau der Proteine. Dabei wird eine Art der posttranslationalen Modifikationen besonders oft im Physikum gefragt: die **Abspaltung des Signalpeptids** bei der Synthese von Export- und Membranproteinen.

1.9.5 Posttranslationale Modifikationen

Export- und Membranproteine

Export- und Membranproteine müssen aus der Zelle ausgeschleust werden und durchlaufen hierfür die Kompartimente **raues endoplasmatisches Retikulum**, **Golgi-Apparat** und **Vesikel**. Ihre Synthese findet folglich NICHT an den freien Ribosomen im Zytoplasma statt.
Der gern geprüfte Mechanismus für den Export von Proteinen lautet (s. Abb. 40, S. 49):
1. Die Translation der mRNA eines Exportproteins beginnt im Zytoplasma an freien Ribosomen. Die zu Beginn translatierte Proteinsequenz heißt **Signalpeptid (S)** und besteht aus der C-terminal gelegenen Aminosäuresequenz **Lys-Asp-Glu-Leu**, die nach dem Einbuchstabencode der Aminosäuren mit KDEL abgekürzt wird.
2. Das Signalpeptid (S) wird durch den **Signal Recognition Particle (SRP)** gebunden, der frei im Zytoplasma vorliegt.
3. Die Bindung des SRP an das S **hemmt** die weitere Translation des Exportproteins.

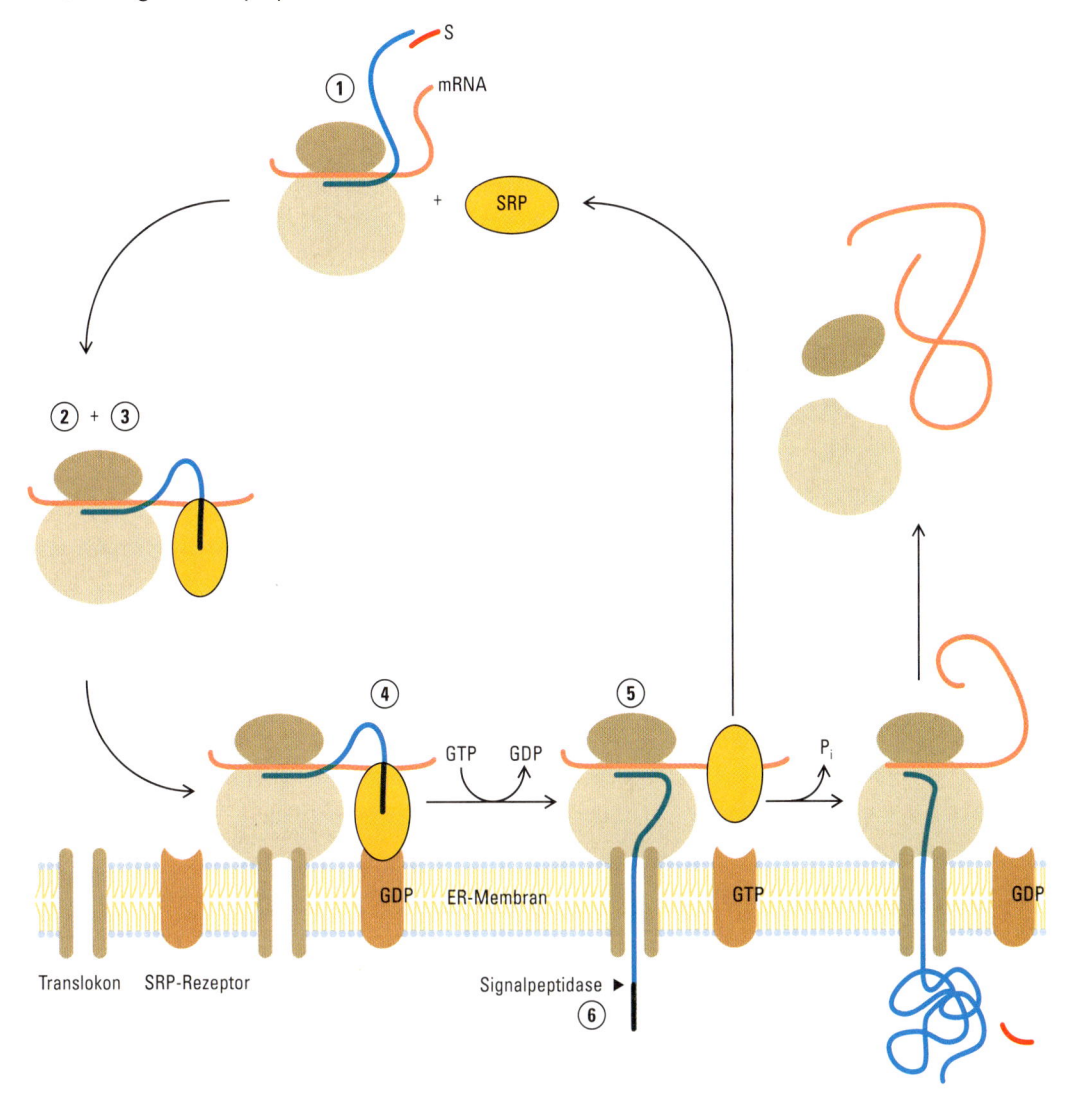

Abb. 40: Exportproteine Mechanismus

medi-learn.de/6-bc4-40

1 Speicherung, Übertragung und Expression genetischer Informationen

4. SRP und S binden an den SRP-Rezeptor des rauen endoplasmatischen Retikulums.
5. Nach der Spaltung von **GTP entfällt die Hemmung der Translation**. Die Bildung der neuen Aminosäurekette wird jetzt in einem Kanal des endoplasmatischen Retikulums fortgesetzt.
6. Nach Beendigung der Translation wird das Signalprotein durch die **Signalpeptidase** an der luminalen Seite des rauen endoplasmatischen Retikulums abgespalten (posttranslationale Modifikation).

Ein Beispiel für ein Exportprotein ist das **Präproinsulin**. Es enthält mit der Prä-Sequenz die Signalsequenz zur Einschleusung in das endoplasmatische Retikulum.

> **Merke!**
>
> Der Transport der Export- und integralen Transportmembranproteine in das Lumen des rauen endoplasmatischen Retikulums wird auch als cotranslationaler Transport bezeichnet.

Um Stoffe durch die Kernporen zu transportieren und so zwischen dem Zellkern und dem Zytoplasma auszutauschen, werden das kleine G-Protein **Ran-GTP** („Ran" von Ras-related nuclear protein) und die Trägerproteine **Importin** oder **Exportin** benötigt. Zum Stoffimport in den Zellkern lagert sich das zu transportierende Protein im Zytoplasma an Importin α und β an. So gebunden kann die Kernpore passiert werden. Im Zellkern bewirkt das G-Prote-

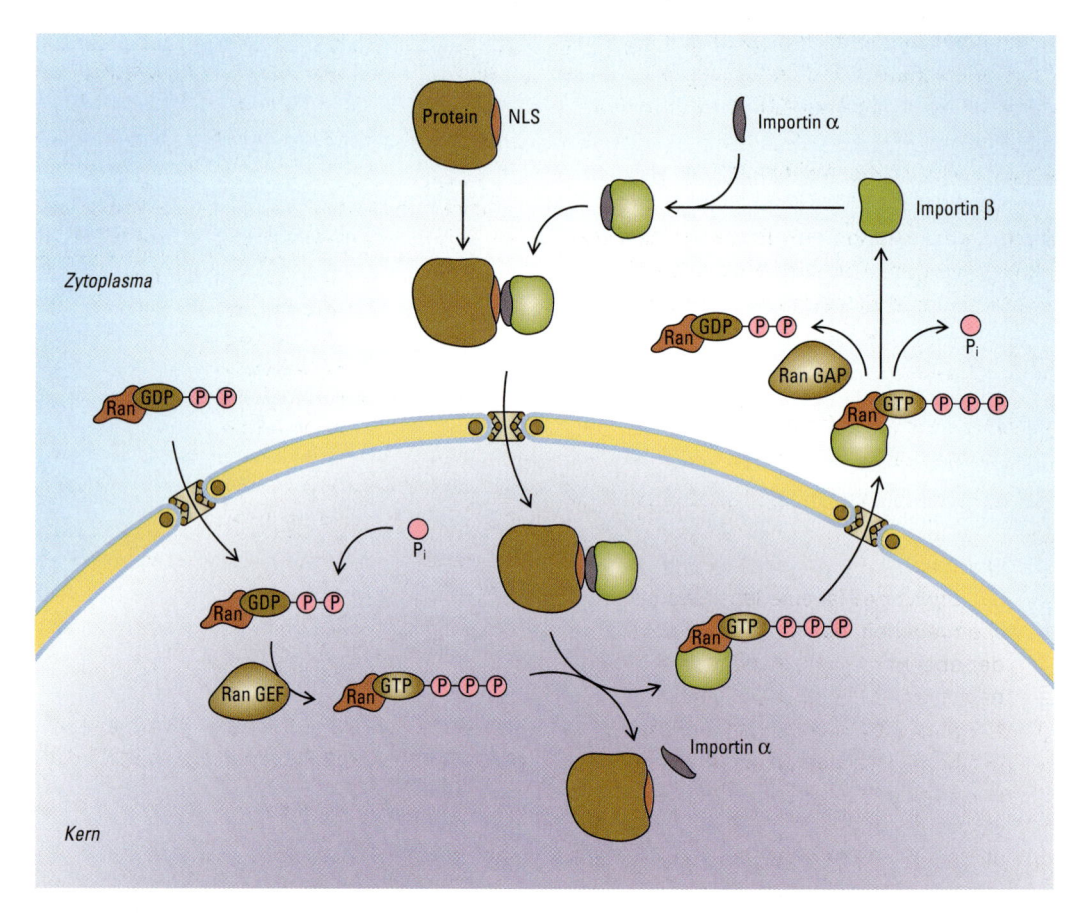

Abb. 41: Import von Proteinen in den Zellkern

medi-learn.de/6-bc4-41

1.9.6 Hemmstoffe der Translation

in Ran-GTP die Dissoziation (Auftrennung) des Transportsystems mit Freigabe des importierten Proteins und des Importin α, unter Bindung des Importin β an das Ran-GTP. Das an Ran-GTP gebundene Importin β verlässt durch die Kernpore den Zellkern in Richtung Zytoplasma und zerfällt nach Hydrolyse eines P_i (Enzym GTP hydrolysis activating protein) in das Importin β und das Ran-GDP. Aus dem Zytoplasma diffundiert das Ran-GDP durch eine Kernpore zurück in den Zellkern und wird durch RanGEF (guanine nucleotide exchange factor) zu Ran-GTP umgewandelt. (s. Abb. 41, S. 50) Für den Export von Proteinen aus dem Zellkern bindet das Trägerprotein Exportin das zu transportierende Protein und bindet Ran-GTP. So gebunden kann die Kernpore passiert werden. Nach enzymatischer Hydrolyse eines P_i im Zytoplasma zerfällt der Komplex in das Trägerprotein Exportin, Ran-GDP und das zu exportierende Protein. Das Ran-GDP diffundiert zurück in den Zellkern und wird zu Ran-GTP umgewandelt.

1.9.6 Hemmstoffe der Translation

Auch die Translation von Proteinen kann gehemmt werden. Hier wird ebenfalls zwischen Antibiotika und Zytostatika unterschieden.

> **Merke!**
>
> **T**ante **S**ara **p**ackt **d**ie **C**offer **e**in, für die Anfangsbuchstaben der Translationshemmstoffe.

Übrigens ...
Die **Diphtherie** ist eine lebensbedrohliche Krankheit, die durch eine Infektion der oberen Atemwege durch das Corynebacterium diphtheriae hervorgerufen wird. Das Diphtherietoxin besteht aus zwei Proteinen, Toxin A und Toxin B, die über Disulfidbrücken miteinander verbunden sind. Zum Eindringen in die Zielzelle lagert sich Toxin B an einen Rezeptor auf der Zelloberfläche an und ermöglicht so das Eindringen von Toxin A in die Zelle Innen angekommen, katalysiert Toxin A die **ADP-Ribosylierung** von eEF-2 (ein ADP-Ribosylrest aus NAD^+ wird unter Abspaltung von Nicotinamid auf einen Histidin-reichen Aminosäurerest des eEF-2 übertragen). Dadurch kann eEF-2 seine Aufgaben bei der Translokation der wachsenden Polypeptidkette nicht mehr erfüllen und die Proteinsynthese stoppt.

Hemmstoff	Wirkung	Bedeutung
Tetracyclin	blockiert die Bindung der Aminoacyl-tRNA an die bakterielle Akzeptorstelle der 30S-Ribosomenuntereinheit	Antibiotikum
Streptomycin	verändert die bakterielle 30S-Ribosomenuntereinheit	Antibiotikum
Puromycin	bewirkt einen Kettenabbruch	Zytostatikum, Antibiotikum
Diphtherietoxin	hemmt den Elongationsfaktor eEF-2 und somit die Translokation der Peptidyl-tRNA von der A-Stelle in die P-Stelle bei der Translation der Eukaryonten	Toxin
Chloramphenicol	hemmt die Peptidyltransferase der prokaryonten 50S-Ribosomenuntereinheit	Antibiotikum
Erythromycin	bindet an die 50S-Untereinheit und hemmt die Translokation	Antibiotikum

Tab. 7: Übersicht der Hemmstoffe der Translation

DAS BRINGT PUNKTE

Aus dem Kapitel **Replikation** solltest du dir für die schriftliche Prüfung unbedingt merken, dass
- Topoisomerasen (Gyrasen in Bakterien) die Superspiralisation der DNA ändern,
- sich die Kettenverlängerung der DNA- und die RNA-Synthese am 3´-OH-Rest des vorhergehenden Nukleotids vollzieht – es wird daher ein freies 3´-OH-Ende benötigt,
- die Syntheserichtung vom 5´- zum 3´-Ende läuft,
- durch die Anlagerung der RNA-Primer eine RNA/DNA-Hybridisierung erfolgt,
- zur Entfernung der Primer eine in 5´-3´-schneidende Exonuklease – die DNA-Polymerase I – benötigt wird und
- Actinomycin D, Mitomycin und Gyrase-Hemmer die Replikation und die Transkription hemmen.

Neuerdings wurden einige Fragen zu **Telomeren** gestellt. Hierzu solltest du dir merken, dass
- die Telomerase eine reverse Transkriptase ist, die das überstehende einzelsträngige DNA-Ende während der Replikation der Telomere auffüllt und
- Telomere an beiden Enden der Chromosomen zu finden sind.

Zum Thema **Schäden** und **Reparaturmechanismen** der DNA wurde im Schriftlichen schon häufiger mal danach gefragt, dass
- Cytosin durch eine Desaminierung zu Uracil umgewandelt werden kann und
- UV-Licht zur Entstehung von Thymindimeren in der DNA führen kann.

Unbedingt merken solltest du dir zum Thema der **Transkription**, dass
- die Transkription im Zellkern stattfindet,
- am 5´-Ende der mRNA eine Cap-Struktur aus Methylguanosin-Resten angebaut wird,
- am 3´-Ende der mRNA ein Poly-AMP-Schwanz angehängt wird,
- die reife mRNA aus Exons gebildet wird und Introns beim Spleißen herausgeschnitten werden,
- beim Spleißen über eine 2´, 5´ Phosphodiesterbindung eine Lassostruktur der Introns gebildet wird und
- die Aneinanderlagerung komplementärer DNA- und RNA-Stränge auch als DNA-/RNA-Hybridisierung bezeichnet wird.

Sehr gerne werden auch Details zur **Regulation der Genaktivität** gefragt, z. B. dass
- Enhancer-Elemente die Aktivität von Genabschnitten beeinflussen und
- Zinkfingerelemente für die Bindung von Transkriptionsfaktoren an die DNA benötigt werden und sie ihr Zink als spezifisches Zentralion zwischen Cystein- und Histidin-reichen Aminosäurenketten gelagert haben.

Aber auch zu den **Hemmstoffen der Transkription** kommen regelmäßig Fragen im Physikum, vor allem dazu, dass
- Rifampicin ein Hemmstoff der Transkription ist und
- α-Amanitin als Hemmstoff der RNA-Polymerase II und III zu Leberschäden führt.

Auch die **Translation** wurde bislang regelmäßig im Physikum geprüft. Aus diesem Themenbereich solltest du dir besonders merken, dass
- die Translation im Zytoplasma stattfindet und dafür tRNA und rRNA benötigt werden,
- das Anticodon der tRNA das Codon der mRNA erkennt,
- Aminosäuren durch ATP zu Aminoacyl-AMP aktiviert werden,
- Aminosäuren am 3´-Ende der tRNA über eine Esterbindung befestigt werden,

DAS BRINGT PUNKTE

- AUG für Methionin codiert und Methionin die Aminosäure der Starter-tRNA ist,
- die Knüpfung der Peptidbindung zwischen den Aminosäuren durch einen nukleophilen Angriff der Aminogruppe der in der Akzeptorstelle gebundenen Aminosäure an die Esterbindung der in der Peptidylstelle gebundenen Aminosäure erfolgt,
- die Polypeptidkette vom N- zum C-terminalen Ende wächst und die DNA- und RNA-Ketten in der Replikation und Transkription jeweils vom 5´- zum 3´-Ende wachsen,
- für die Termination Releasingfaktoren an das Stop-Codon binden,
- Export- und Membranproteine am rauen endoplasmatischen Retikulum synthetisiert werden und sie dafür ein Signalpeptid brauchen, das im Lumen des rER durch Signalpeptidasen vom Präpropeptid abgespalten wird,
- GTP die universelle Energiequelle der Translation darstellt und
- RNA-Moleküle mit katalytischer Aktivität als Ribozyme bezeichnet werden.

Ebenfalls gerne gefragt werden die **Translationshemmstoffe**. Dabei solltest du unbedingt wissen, dass
- Puromycin, Streptomycin und das Diphtherietoxin die Translation hemmen.

FÜRS MÜNDLICHE

In der mündlichen Prüfung solltest du folgende Fragen beantworten können:

1. Bitte erläutern Sie den Ablauf der Replikation, nennen Sie die benötigten Substanzen sowie die Endprodukte und gehen Sie auf die Hemmstoffe ein!

2. Bitte erklären Sie den Unterschied zwischen einer Topoisomerase und einer Gyrase.

3. Erläutern Sie bitte den Unterschied zwischen einer Exonuklease und einer Endonuklease.

4. Bitte erklären Sie durch welche Einflüsse die DNA nachhaltig geschädigt werden kann und welche Schäden auftreten können.

5. Bitte erklären Sie, welche mutagenen Noxen der Zigarettenrauch enthält und welche Wirkungen sie im menschlichen Körper entfalten können.

6. Erläutern Sie an einem Beispiel die Entstehung einer genetischen Erkrankung.

7. Bitte erklären Sie, was man unter einer Hybridisierung in der Molekularbiologie versteht.

8. Erläutern Sie Schritt für Schritt den Ablauf der Transkription.

9. Bitte erklären Sie, was der kodierende Strang ist.

10. Bitte erläutern Sie was Enhancer und Silencer sind.

11. Erklären Sie bitte, was man unter einer TATA-Box versteht und wie ihre Funktion erklärt werden kann.

FÜRS MÜNDLICHE

12. Bitte erklären Sie, wie viele tRNAs der menschliche Körper besitzt.

13. Erläutern Sie, was die Wobble-Theorie besagt.

14. Bitte erklären Sie, woher die Energie zum Anknüpfen der Aminosäure an die tRNA stammt.

15. Erläutern Sie bitte den Ablauf der Translation.

16. Nennen Sie bitte die Unterschiede in der Translation von zytosolischen Proteinen und Exportproteinen.

---

1. Bitte erläutern Sie den Ablauf der Replikation, nennen Sie die benötigten Substanzen sowie die Endprodukte und gehen Sie auf die Hemmstoffe ein!

Ort der Replikation ist der Zellkern. Es wird als erstes die DNA durch das Enzym Helicase zu einer Replikationsgabel geöffnet und durch die Topoisomerase die DNA-Doppelhelix entspannt (entdrillt).

Dann erfolgt die Synthese des freien 3´-OH-Endes durch die Primase und die Synthese der komplementären DNA durch die DNA-Polymerase III. An einem Strang findet sie kontinuierlich und am anderen über Okazaki-Fragmente verzögert statt. Hauptsächlich am Verzögerungs-/Folgestrang (am Leitstrang nur einmal) werden durch die DNA-Polymerase I die RNA-Primer entfernt und durch DNA ersetzt. Der letzte Kettenschluss erfolgt durch die DNA-Ligase.

Insgesamt werden die vier Ribonukleotide für den Primer und die vier Desoxyribonukleotide für die DNA, die DNA-Polymerasen I + III, die DNA-Ligase sowie die Topoisomerase und die Helicase benötigt. Gehemmt wird die Replikation durch Interkalatoren wie Mitomycin und Actinomycin D oder durch Hemmstoffe der DNA-Polymerase wie Cytosinarabinosid.

2. Bitte erklären Sie den Unterschied zwischen einer Topoisomerase und einer Gyrase.

Die Topoisomerase kommt beim Menschen vor, die Gyrase bei Bakterien. Beide Enzyme können positive und negative Superhelices in die DNA einfügen. So verdrillen oder entspannen sie die DNA, um sie entweder stärker zu verpacken oder für die Replikation und Transkription zu öffnen.

3. Erläutern Sie bitte den Unterschied zwischen einer Exonuklease und einer Endonuklease.

Die Exonuklease schneidet den Nukleotidstrang vom Ende her. Die Endonuklease ist in der Lage, auch mitten in einem Nukleotidstrang zu schneiden, ohne einen Kontakt zu einem Ende zu haben.

4. Bitte erklären Sie durch welche Einflüsse die DNA nachhaltig geschädigt werden kann und welche Schäden auftreten können.
- Kontakt zu chemischen Stoffen, wodurch es z. B. zu einer Desaminierung (NH_3-Gruppe wird abgespalten) kommen kann,
- UV-Licht kann zu Thymindimeren führen,
- ionisierende Strahlen können den Verlust von Strukturen bewirken.

5. Bitte erklären Sie, welche mutagenen Noxen der Zigarettenrauch enthält und welche Wirkungen sie im menschlichen Körper entfalten können.

Zigarettenrauch enthält vor allem polyzyklische Kohlenwasserstoffe und Nitrosamine, die zu Desaminierungen von Basen der DNA führen und als Interkalatoren die DNA ver-

FÜRS MÜNDLICHE

kleben können. Zusätzlich findet sich beim Rauchen von Zigaretten eine verstärkte oxidative Belastung mit Erzeugung von freien Radikalen wie O_2^-.

6. Erläutern Sie an einem Beispiel die Entstehung einer genetischen Erkrankung.
Schon allein durch eine Punktmutation kann eine Basensequenz so stark verändert werden, dass eine andere Aminosäure eingebaut wird.
Bei der Mukoviszidose – einer Erkrankung mit einem veränderten Cl^--Kanal – verändert sich die Viskosität des Schleims mit limitierter Lebenserwartung durch wiederholte Lungenentzündungen. Mögliche Ursachen sind Deletionen von Basen oder Basenpaaren.

7. Bitte erklären Sie, was man unter einer Hybridisierung in der Molekularbiologie versteht.
Zusammenlagerung von RNA und DNA-Einzelsträngen, z. B. bei der Transkription. Dabei erzeugen die RNA-Polymerasen eine RNA-DNA-Hybrid-Helix.

8. Erläutern Sie Schritt für Schritt den Ablauf der Transkription.
Transkription = Herstellung der mRNA. Initiation ist die Anlagerung der Transkriptionsfaktoren und der RNA-Polymerase an die TATA-Box des Promotors. Die Elongation ist die Synthese der hnRNA. Die Termination ist das Beenden der Transkription durch Auffinden der Terminationsstelle. Prozessing ist die Veränderung der hnRNA zu einer translationsfähigen mRNA durch Anheften einer Cap-Struktur aus Methylguanosin-Resten an das 5′-Ende, und eines Poly-AMP-Schwanzes an das 3′-Ende sowie das Herausschneiden der Introns durch zwei Umesterungsreaktionen und das Zusammenfügen der Exons (Spleißen).

9. Bitte erklären Sie, was der kodierende Strang ist.
Der komplementäre Strang zum Matrizenstrang (zum kodogenen Strang), der nicht abgelesen wird.

10. Bitte erläutern Sie was Enhancer und Silencer sind.
Enhancer sind wichtig für die Regulation der Genaktivität auf der Ebene der Transkription. Meist weit entfernt vom Genabschnitt, verstärken sie die Transkription. Silencer sind das Gegenteil der Enhancer und hemmen die Transkription. Die Transkriptionsfaktoren wirken sowohl über Enhancer als auch über Silencer.

11. Erklären Sie bitte, was man unter einer TATA-Box versteht und wie ihre Funktion erklärt werden kann.
Eine TATA-Box ist ein Abschnitt in einem Promotor und enthält als Basen vor allem Thymine und Adenine. An die TATA-Box lagert sich die Helicase an und öffnet den DNA-Doppelstrang, damit sich dort die RNA-Polymerase anlagern kann

12. Bitte erklären Sie, wie viele tRNAs der menschliche Körper besitzt.
Im genetischen Code steht ein Basentriplett (Codon) für eine Aminosäure. Es gibt vier Basen in der DNA, die in den drei Plätzen des Codons ausgetauscht werden und somit $4^3 = 64$ Codierungsmöglichkeiten für Aminosäuren bestehen; minus drei Stop-Codons ergäbe es rechnerisch 61 mögliche tRNAs für die 21 proteinogenen Aminosäuren. Tatsächlich werden nach der Wobble-Theorie jedoch nur ca. 41 tRNAs verwendet.

13. Erläutern Sie, was die Wobble-Theorie besagt.
Nach der Wobble-Theorie gibt es in der Erkennung der dritten Base des Codons der mRNA durch die erste Stelle des Anticodons der tRNA eine Unschärfe. So ist es einer tRNA möglich, mehrere in der dritten Stelle veränderte Codons zu erkennen. Dies

FÜRS MÜNDLICHE

dient der Übertragungssicherheit, da es den Einbau der korrekten Aminosäure sicherstellt und gleichzeitig die Anzahl der notwendigen tRNAs reduziert.

14. Bitte erklären Sie, woher die Energie zum Anknüpfen der Aminosäure an die tRNA stammt.
Das Enzym Aminoacyl-tRNA-Synthetase katalysiert die Reaktion zwischen einem ATP und der Aminosäure. Hierbei wird Pyrophosphat abgespalten und AMP an die Aminosäure zum Aminoacyl-AMP verknüpft. Durch Hydrolyse des Pyrophosphats wird die Energie geliefert, um dann die Aminosäure über eine Esterbindung an das 3´-Ende anzuknüpfen.

15. Erläutern Sie bitte den Ablauf der Translation.
Die Translation kann eingeteilt werden in die Aktivierung der AS im Zytoplasma, die Bildung des Initiationskomplexes, die Elongation, die Termination und die für die Bildung funktionsfähiger Proteine oft notwendige posttranslationale Modifikation.
Die Aminosäure wird durch ATP aktiviert und auf die tRNA übertragen. Die Starter-tRNA wird durch den GTP-beladenen Initiationsfaktor eIF2 aktiviert und lagert sich mit der kleinen ribosomalen Untereinheit und der mRNA zusammen. Die Hydrolyse des Pyrophosphats eines GTP liefert die Energie für die Zusammenlagerung mit der großen Untereinheit eines Ribosoms = Initiationskomplex.
Die Starter-tRNA wird in der Peptidylstelle des Ribosoms gebunden, an die Aminoacylstelle bindet eine neue tRNA. Jetzt kommt es zum nukleophilen Angriff der Aminogruppe der Aminoacyl-tRNA an die Carbonylgruppe in der Esterbindung der Peptidyl-tRNA und zur Knüpfung der Peptidbindung. Die Dipeptidkette ist an der Aminoacylstelle gebunden. Es folgt die Translokation des Ribosoms und die Bindung einer neuen tRNA an die nun freie Aminoacylstelle. Beendet wird die Translation durch das Erscheinen eines Stoppcodons in der A-Stelle und dem Zerfall des Komplexes in seine Untereinheiten. Das entstehende Protein wird einer posttranslationalen Modifikation unterzogen.

16. Nennen Sie bitte die Unterschiede in der Translation von zytosolischen Proteinen und Exportproteinen.
Wenn es sich um ein Export- oder Membranprotein handelt, wird es mithilfe eines Signalpeptids in das Lumen des rauen endoplasmatischen Retikulums geschleust, wo dann das Signalpeptid (Prä-Peptid) abgespalten wird. Zytosolische Proteine werden an Ribosomen im Zytoplasma synthetisiert.

Pause

Mach doch mal ein paar Minuten Pause!

1.10 Gentechnologie

In den letzten Jahren hat die Gentechnologie einen großen Aufschwung erlebt. Dies spiegelt sich auch im Physikum wieder, denn es ist festzustellen, dass in den letzten Physika hierzu vermehrt Fragen gestellt wurden. Dieses Kapitel aufmerksam zu lesen lohnt sich daher im Hinblick auf die Zukunft ganz besonders.

1.10.1 Grundlagen

Die DNA besteht aus zwei komplementären Einzelsträngen, die zu einer DNA-Doppelhelix zusammengelagert sind. Durch eine Erhöhung der Temperatur, eine Veränderung des pH-Werts oder eine Veränderung der Elektrolytkonzentration lässt sich die DNA denaturieren („schmelzen"), also in ihre Einzelstränge auftrennen. Eine Eigenschaft, die für die Gentechnologie von großer Wichtigkeit ist, weil sie Methoden wie die PCR (polymerase chain reaction) erst möglich macht.

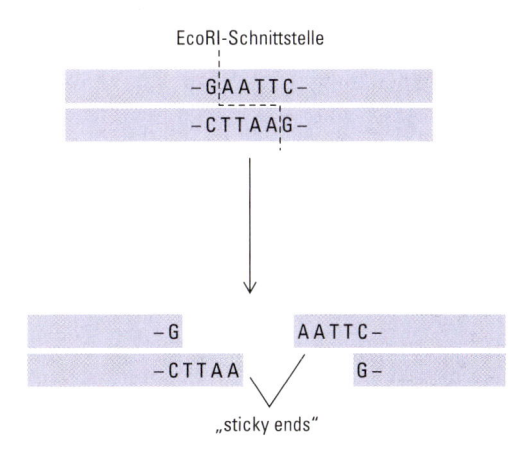

1.10.2 Restriktionsendonukleasen

Restriktionsendonukleasen sind prokaryotische, also **bakterielle** Enzyme, die einen DNA-Strang **sequenzspezifisch** (an einer speziellen Stelle) zerschneiden. Dabei entstehen **sticky ends** (sich überlagernde Enden), die eine palindromartige Struktur aufweisen, oder blunt ends (gerade abgeschnittene Enden).

> **Übrigens …**
> Unter Palindrom versteht man einen Abschnitt auf der DNA, auf dem beide Stränge die gleiche Information ergeben, also vorwärts und rückwärts gelesen gleich lauten. Profane Beispiele aus dem Alltag: die Namen Otto oder Anna oder der Satz: „Leben Sie mit im Eisnebel".

Restriktionsendonukleasen schützen Bakterien vor eingedrungener **fremder Bakteriophagen-DNA** und sind nach ihrer Entdeckung ein unerlässliches Hilfsmittel in der Gentechnologie geworden. Mit Restriktionsendonukleasen kann man DNA-Abschnitte gezielt bearbeiten (z. B. DNA-Bereiche heraus- oder abschneiden).

> **Merke!**
> Restriktionsendonukleasen kommen in Bakterien und in Genlabors vor – aber NICHT im Menschen!

Abb. 42: Restriktionsendonukleasen mit Palindrom
medi-learn.de/6-bc4-42

1.10.3 PCR (polymerase chain reaction)

Die PCR ist eine Methode der Gentechnik, um einen spezifischen **DNA**-Abschnitt (Template) mannigfaltig zu amplifizieren, also zu kopieren. Hierbei entspricht ein Zyklus der Polymerasekettenreaktion am ehesten dem Prozess der semikonservativen Replikation in den Zellen. Benötigt werden komplementäre DNA-Abschnitte als **Primer**, eine **DNA-Polymerase** und die vier **Desoxynukleosidtriphosphate**. Ablauf (s. a. Abb. 43, S. 58):
1. Schmelzen (Aufspalten) des DNA-Doppelstrangs in seine Einzelstränge,
2. Anlagerung der komplementären spezifischen DNA-Primer und
3. DNA-Synthese durch die DNA-Polymerase.
4. Diese Schritte werden solange wiederholt, bis die gewünschte Menge DNA synthetisiert ist.

1 Speicherung, Übertragung und Expression genetischer Informationen

> **Merke!**
> - Als DNA-Polymerase wird die hitzestabile taq-Polymerase (Thermus aquaticus aus heißen Meeresquellen) benutzt.
> - Eine RT-PCR ist eine PCR, die RNA als Ausgangsmaterial nutzt und erst cDNA synthetisiert.

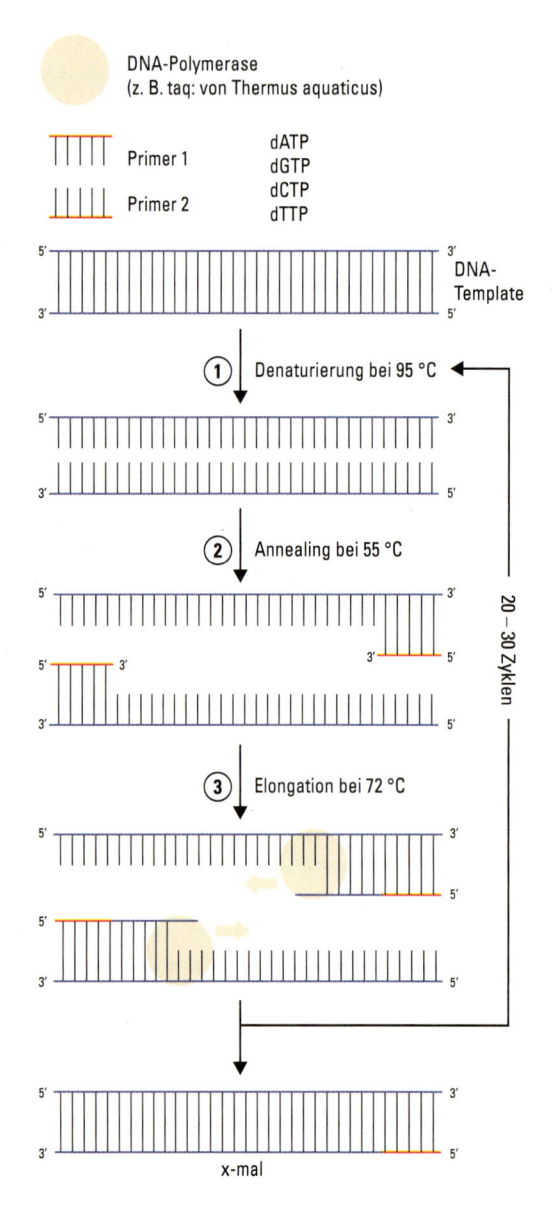

1.10.4 Plasmide

Plasmide sind **ringförmige doppelsträngige DNA-Abschnitte in Bakterien**. Sie können z. B. Gene für eine Antibiotika-Resistenz besitzen und zwischen Bakterien ausgetauscht werden. Für ihre Verdoppelung benötigen sie einen eigenen Replikationsursprung (origin). Auch die Gentechnologie nutzt die Plasmide als **Vektoren** (Transporter) für DNA-Sequenzen. Über diese Technologie ist es möglich, menschliche Proteine – z. B. Peptidhormone – von Bakterien produzieren zu lassen.

> **Merke!**
> Eine Abfolge einzelner Schnittstellen für Restriktionsendonukleasen wird auch als Polyklonierungsstelle (multiple cloning site) eines Plasmidvektors bezeichnet.

Übrigens ...
Bakterielle Plasmide können auch Antibiotika-Resistenz-Gene enthalten, die für Antibiotika-spaltende Enzyme kodieren. Ein Beispiel ist das Enzym Lactamase, welches das Antibiotikum Penicillin G (Benzylpenicillin) aufspaltet. Die Bakterien sind damit gegen dieses Penicillin resistent. Sie überleben und die Infektion breitet sich weiter aus.

1.10.5 Gelelektrophorese

Die Methode der Gelelektrophorese bietet die Möglichkeit, Proteine, DNA und RNA durch das Anlegen eines elektrischen Feldes entsprechend ihrer Größe und Ladung aufzutrennen. Nachweismöglichkeiten:
- Proteine werden im **Western Blot** nachgewiesen,
- RNA wird im **Northern Blot** nachgewiesen und
- DNA wird im **Southern Blot** nachgewiesen.

Abb. 43: PCR *medi-learn.de/6-bc4-43*

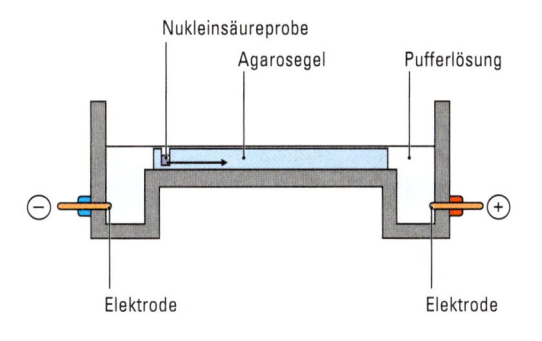

Abb. 45: Gelelektrophorese *medi-learn.de/6-bc4-45*

Zur Auftrennung von Proteinen dient die **SDS (Natriumdodecylsulfat)-Polyacrylamidgel-Elektrophorese**. Hierbei lagern sich amphiphile Dodecylsulfat-Anionen an und entfalten die Proteine. Anschließend werden die entfalteten und negativ geladenen Proteine durch das Anlegen elektrischen Stroms aufgetrennt. Die Wanderungsgeschwindigkeit der Proteine entspricht ihrem Molekulargewicht.

1.11 Retroviren

Im Physikum findet man – was die Viren angeht – eine Beschränkung auf die Retroviren, der wir inhaltlich in diesem Skript auch gern Folge leisten. Das allgemein Wichtigste gleich vorneweg: Retroviren enthalten **einsträngige RNA**, sie besitzen eine **reverse Transkriptase** und enthalten **virale Onkogene**. Beispiel: HIV.

1.11.1 Reverse Transkriptase

Die reverse Transkriptase ist ein Enzym, das die virale RNA in ihre **komplementäre cDNA** (complementary DNA) umschreibt. Hierzu katalysiert sie nacheinander die RNA-abhängige DNA-Synthese, den RNA-Abbau und dann die DNA-abhängige DNA-Synthese. Die entstandene cDNA wird dann z. B. in das menschliche Genom integriert, woraufhin die menschliche Zelle die viralen Proteine produziert. Auf die-

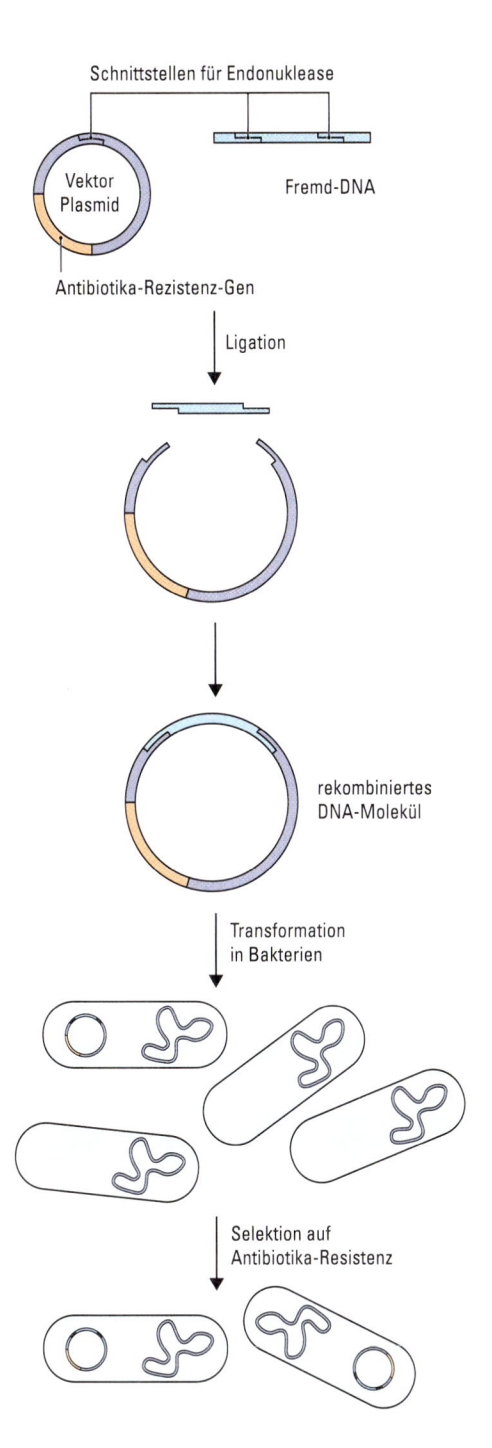

Abb. 44: Plasmide *medi-learn.de/6-bc4-44*

se Weise können sich die Viren vermehren, ausbreiten und den Körper schädigen. In der antiviralen Therapie werden vor allem Hemmstoffe der Virusreplikation verwendet. Hier werden Analoga der Purin- und Pyrimidinnukleoside wie das Azidothymidin oder das Acycloguanosin verwendet. Schau dir dazu am besten in Abb. 3 auf S. 3, noch einmal die Strukturformeln von Desoxy-Thymidin, Adenosin und Guanosin an. Dies ermöglicht dir im Physikum die sichere Identifizierung der strukturell ähnlichen Analoga.

Übrigens ...
Retroviren wie das HIV bestehen aus zwei identischen, also diploiden, RNA-Strängen und den viralen Proteinen reverse Transkriptase, HIV-Protease und HIV-Integrase.
- Die **HIV-Protease** spaltet die neusynthetisierten Polypeptide zu Hüll-, Struktur-, Enzym- und einigen regulatorischen Proteinen des HIV auf,
- die **HIV-Integrase** dient zur Integration der Provirus-DNA in die Wirts-DNA.

Merke!

Die virale reverse Transkriptase kann gentechnisch genutzt werden, z. B. um RNA in cDNA umzuschreiben. So lassen sich ganze cDNA-Bibliotheken erstellen, mit denen in Zellen exprimierte Gene mittels PCR untersucht werden können.

1.11.2 Protoonkogene und virale Onkogene

Als Protoonkogene werden Genabschnitte bezeichnet, die für die **normale Entwicklung unserer Zellen** unerlässlich sind. Protoonkogene kodieren für Regulationsproteine, wie z. B.
- Tyrosin-spezifische Proteinkinasen,
- Wachstumsfaktoren,
- G-Proteine, wie z. B. von den Ras-Protoonkogenen kodiert und
- Transkriptionsfaktoren.

Dabei unterliegt die Aktivität der **Protoonkogene einer starken Kontrolle**. Diese Gene sind nur zu bestimmten Zeiten des Zellzyklus und der menschlichen Entwicklung aktiv. Viren dagegen enthalten virale Onkogene. Diese Onkogene und die normalen Protoonkogene unserer Zellen kodieren zwar für identische Proteine, jedoch besteht zwischen den beiden ein grundlegender Unterschied:

Virale Onkogene können an jeder Stelle des menschlichen Genoms eingebaut werden und unterliegen, im Gegensatz zu den normalen zellulären Protoonkogenen, **keiner Regulation**. Wird nun ein virales Onkogen in unser Genom integriert, so können Tumoren entstehen oder die Zelle stirbt unkontrolliert ab (s. Abb. 46, S. 61).

Protoonkogene können durch Mutationen zu Onkogenen verändert werden und spielen so eine große Rolle bei der Entstehung von **Karzinomen**. **Ras** (**Ra**t **s**arcoma) ist z. B. ein Protoonkogen, das für ein kleines **G-Protein (GTPase)** codiert. Diese GTPase reguliert Wachstums- und Differenzierungsprozesse durch die alternierende Bindung der Nukleotide GDP oder GTP (molekularer „Schalter" in Signaltransduktionsketten). Diese molekulare Schalterfunktion beruht darauf, dass die GTPase bei Bindung von GTP eine andere Proteinkonformation annimmt, als bei der Bindung von GDP. Ras kann nur im GTP-gebundenen Zustand mit weiteren Signalproteinen (Effektoren) interagieren, die dann ihrerseits die Signalweiterleitung vermitteln. Über einen posttranslational angehefteten Fettsäurerest sind diese kleinen G-Proteine an die Zellmembranen angeheftet. Diese Verankerung wird häufig durch **Farnesyl- oder Geranylreste** vorgenommen, die durch eine **Thioetherbindung** mit der Aminosäure Cystein am C-terminalen Ende des kleinen G-Proteins verknüpft sind.

1.11.2 Protoonkogene und virale Onkogene

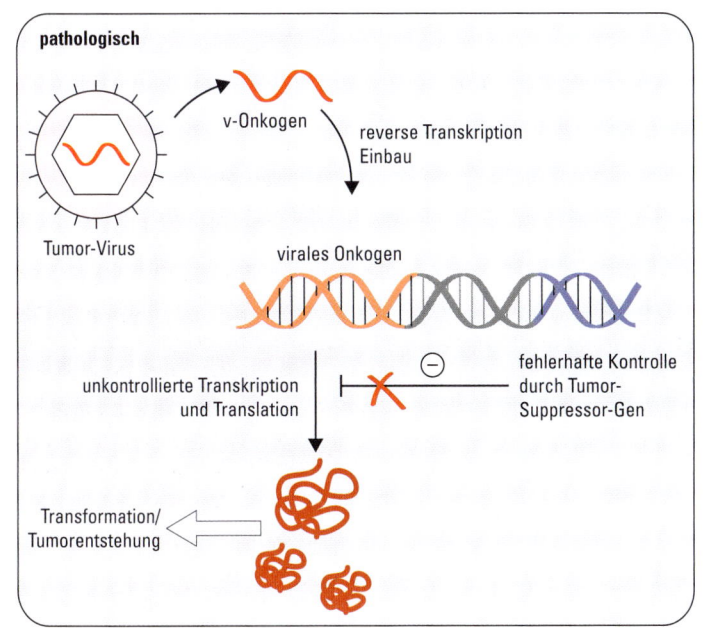

Abb. 46: Virale Onkogene

medi-learn.de/6-bc4-46

Übrigens ...
In bis zu 30 Prozent aller menschlichen Tumorzellen finden sich Punktmutationen im Ras-Gen. Diese Punktmutationen führen zu einem Verlust der GTPase-Aktivität von Ras, wodurch der Wechsel von der aktiven GTP-gebundenen zur inaktiven GDP-Form des Ras-Proteins blockiert ist und dadurch ein permanentes wachstumsstimulierendes Signal an die Zelle gesandt wird.

2 Binde- und Stützgewebe

▎Fragen in den letzten 10 Examen: 15

Das Binde- und Stützgewebe ist das zweite große Thema dieses Skripts. Erfreulicherweise beschränken sich die Fragen zu diesem Themengebiet fast ausnahmslos auf das Protein Kollagen. Deshalb liegt hier auch der Schwerpunkt dieses Kapitels. In einem kurzen Exkurs wird dann noch das Vitamin C behandelt, das eine große Rolle bei der Kollagenbiosynthese spielt. Da in den letzten Jahren auch häufiger Fragen zum molekularen Aufbau von Knorpel und Knochen gestellt wurden, wird zu guter Letzt noch auf die biochemischen Grundlagen dieser Gewebe eingegangen.

2.1 Extrazelluläre Matrix

Zur extrazellulären Matrix gehören die Proteine **Kollagen** und **Elastin**, die **Proteoglykane** und die **Glykosaminoglykane**. Gebildet werden diese Substanzen intrazellulär von Bindegewebszellen. Es folgt die Sekretion in den extrazellulären Raum und dort die weitere extrazelluläre Modifikation.

2.1.1 Kollagen

Das Protein Kollagen wird von Bindegewebszellen synthetisiert und kann in verschiedene Klassen eingeteilt werden. Dabei unterscheiden sich die Fibrillen der einzelnen Kollagenklassen in Anordnung und Durchmesser.
Neben den fibrillenbildenden Kollagenen gibt es aber auch nicht-fibrillenbildendes Kollagen, das z. B. als Basalmembran verwendet wird. In der Proteinkette des Kollagens findet sich die spezifische Aminosäureabfolge: **Glycin – X – Y**. X und Y können für Lysin, Hydroxylysin oder Hydroxyprolin stehen, wobei an der X-Position meist ein Prolin und an der Y-Position meist ein Hydroxyprolin auftritt.
Jede dieser Aminosäuren erfüllt im Kollagen ihre spezielle Aufgabe:

- **Glycin** ist eine kleine Aminosäure und lässt das Abknicken der Proteinkette zu.
- Die Aminosäure **Prolin** ist sehr sperrig und schränkt die freie Drehbarkeit der Proteinkette ein.
- An den **Lysin-** und **Hydroxylysinresten** wird das Kollagen quervernetzt und so wasserunlöslich gemacht.

Im Verlauf der Synthese werden einzelne Aminosäuren des Kollagens zunächst Vitamin C-abhängig hydroxyliert. Anschließend können dann an diese Hydroxylgruppen Galaktose- und Glykosylgalaktose-Reste angelagert werden (s. Abb. 49, S. 66).

Biosynthese von Kollagen

Die Biosynthese des Kollagens teilt sich in einen intrazellulären und einen extrazellulären Anteil auf (s. Abb. 48 a, S. 64 + Abb. 48 b, S. 65).
Im **intrazellulären Anteil** der Kollagensynthese werden folgende Schritte durchlaufen:
1. An Ribosomen des endoplasmatischen Retikulums (ER) entsteht das **Prä-Prokollagen** (inkl. Signalpeptid).
2. Die Abspaltung des Signalpeptids im Lumen des endoplasmatischen Retikulums führt zum **Prokollagen**.
3. Im Lumen des **ER** bilden die Prokollagene eine linksgewundene **Kollagen-α-Helix** aus.
4. Das **Registerpeptid** (N-terminaler Abschnitt eines Prokollagens) ermöglicht hier – also noch intrazellulär – die Zusammenlagerung dreier Kollagen-α-Helices zu einer **Tripelhelix**.
5. Es folgt die **Hydroxylierung** von Prolyl- und Lysyl-Resten. Diese Reaktionen sind abhängig von **Vitamin C**, **α-Ketoglutarat**, **O_2** und **Fe^{2+}-Ionen**.
6. Jetzt wird die hydroxylierte Tripelhelix aus dem ER (Prokollagen) in den **Golgi-Apparat** überführt und dort vor allem an der Amino-

2.1.1 Kollagen

säure **Hydroxylysin** noch zusätzlich **glykosyliert** (O-glykosidisch, durch Anheftung über den Sauerstoff der Seitenkette des Aminosäurerestes).

7. Schließlich kommt die vollständige **Tripelhelix** (das Prokollagen) in **sekretorische Vesikel** und wird darüber in **die extrazelluläre Matrix abgegeben**.

> **Merke!**
>
> Intrazellulär wird die vollständige Tripelhelix ausgebildet.

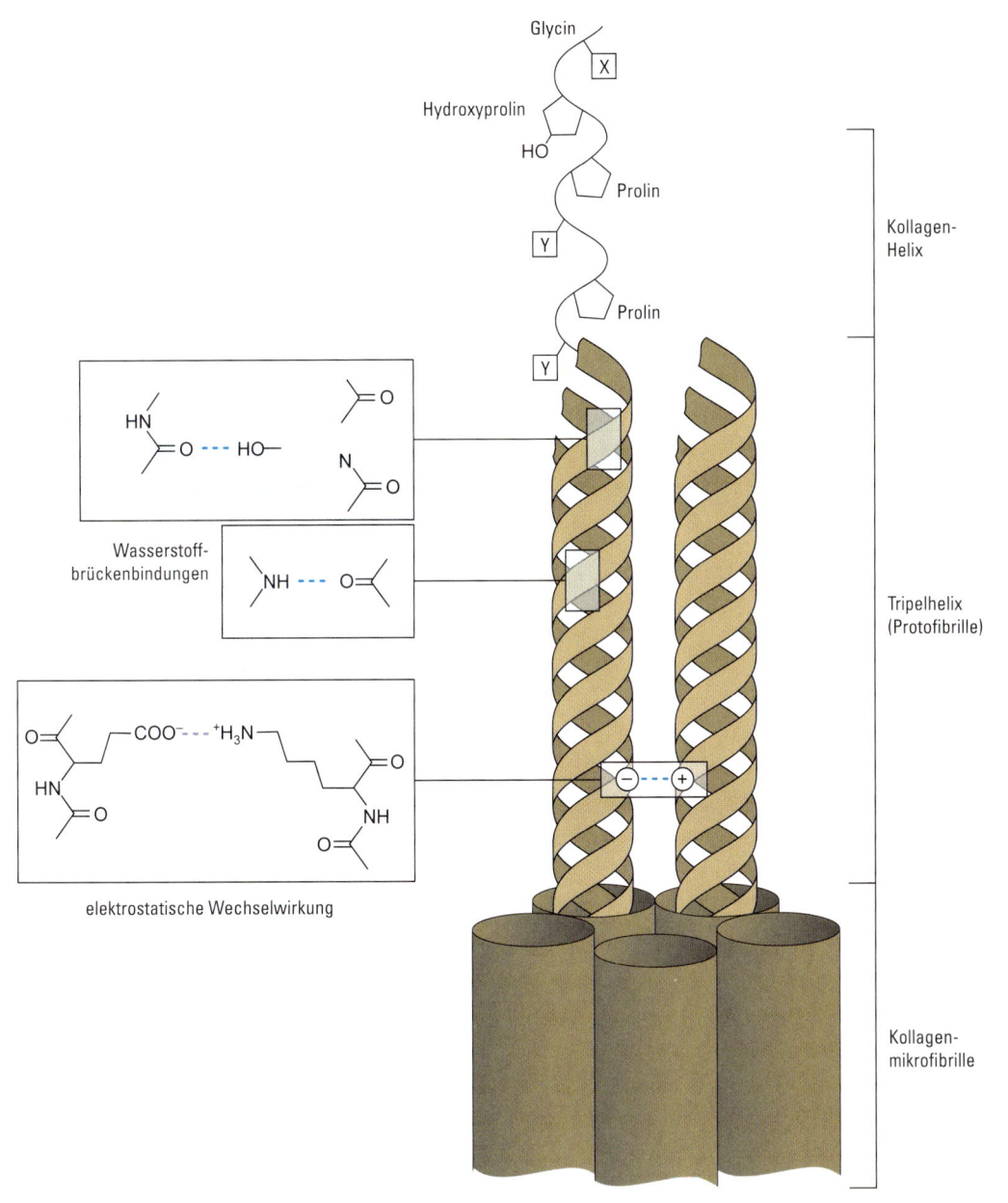

Abb. 47: Kollagenstruktur

2 Binde- und Stützgewebe

Im **extrazellulären Anteil** der Kollagensynthese werden folgende Schritte durchlaufen:
1. Abspaltung der Propeptide, wodurch die **Kollagenmonomere** entstehen.
2. Desaminierungen und die Einfügung von Aldehydgruppen, sowie die **Quervernetzung** der Kollagenmonomere führt zur Bildung von **Mikrofibrillen**.
Je nach Kollagenart entstehen mehrere Mikrofibrillen unterschiedlicher Dicke.

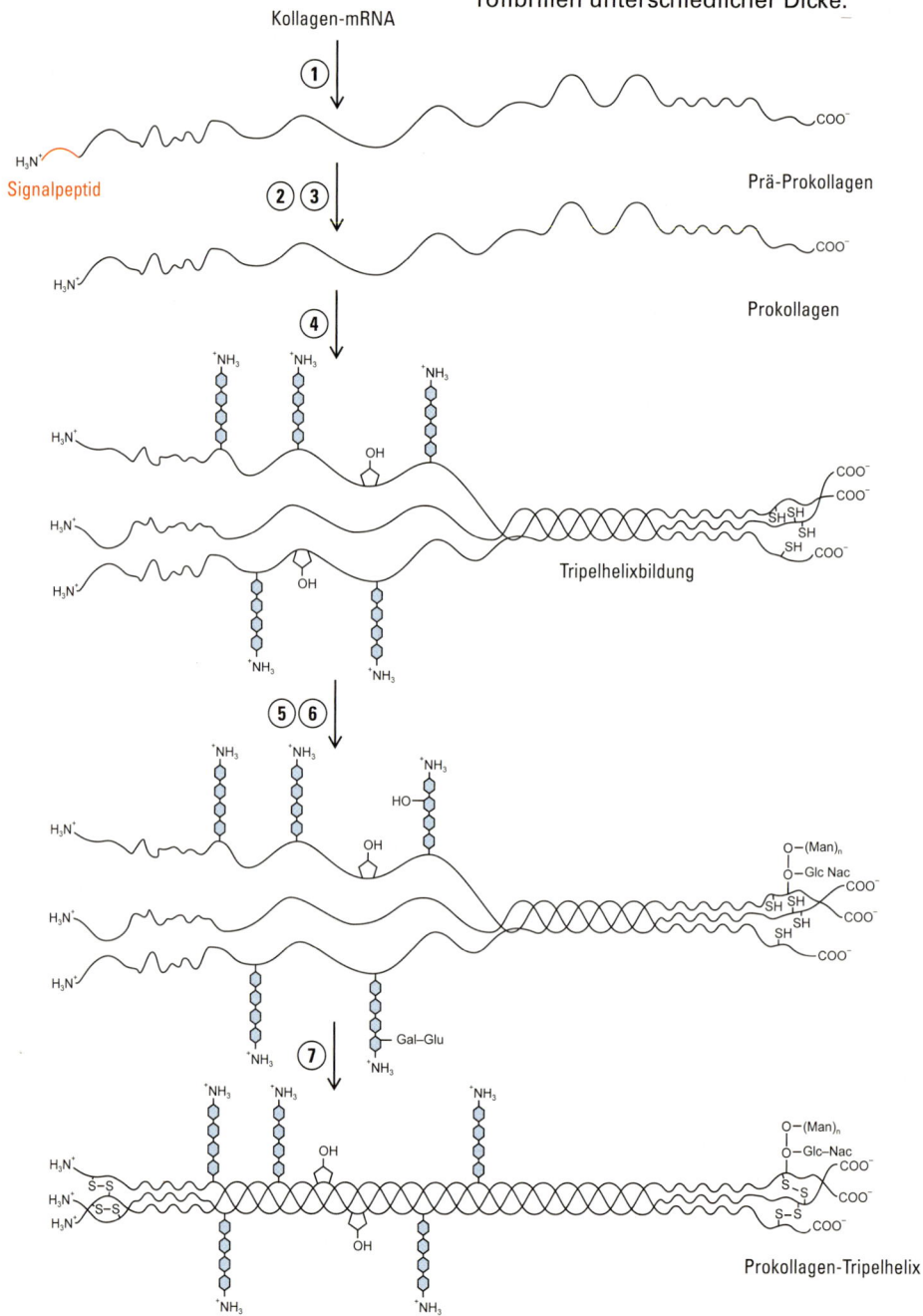

Abb. 48 a: Kollagensynthese, intrazellulär

medi-learn.de/6-bc4-48a

2.1.1 Kollagen

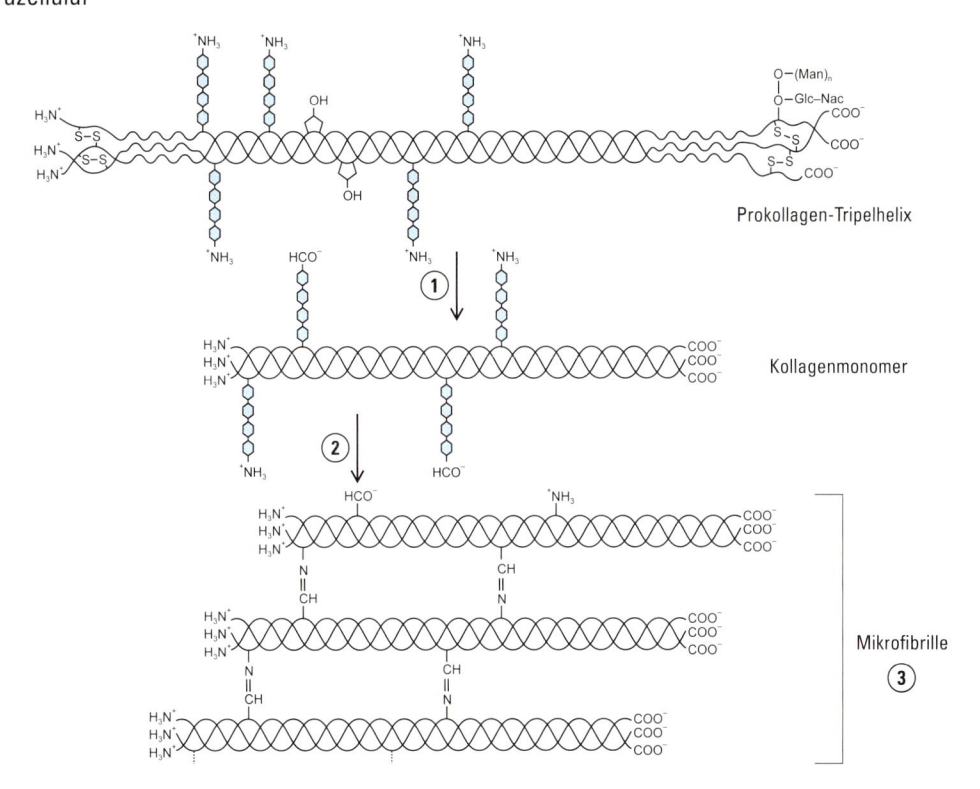

Abb. 48 b: Kollagensynthese, extrazellulär

medi-learn.de/6-bc4-48b

Merke!

Lysyl-Oxidasen katalysieren die kovalente Modifikation des mikrofibrillären Kollagens in der extrazellulären Matrix.

Abbau von Kollagen

Die extrazelluläre Matrix unterliegt einem ständigen Auf- und Abbau. Für den Abbau der Kollagenfibrillen sind spezifische Kollagenasen verantwortlich. Diese werden von Fibroblasten, Endothelzellen sowie anderen Zellen gebildet und gehören als Zink-abhängige Proteinasen in die Gruppe der Matrix-Metalloproteinasen.

Exkurs Vitamin C (Ascorbinsäure)

Das wasserlösliche Vitamin C wird von Pflanzen aus D-Glucose synthetisiert und muss von Menschen und Primaten aus der Nahrung aufgenommen werden. Die Hauptfunktion der Ascorbinsäure ist ihre Wirkung als **Redoxsystem (Oxidationsschutz)**. Diese Eigenschaft beruht auf dem Vorhandensein einer **Endiol-Struktur** (s. Abb. 50, S. 66). Da Endiole leicht zu Diketonen oxidiert werden können, haben sie reduzierende (antioxidative) Eigenschaften. Vitamin C ist an einer Reihe wichtiger Reaktionen beteiligt:
- **Hydroxylierung** von Lysin und Prolin während der Kollagenbiosynthese,
- **Steroidhormonsynthese** (daher in der NNR höchste Vitamin C-Konzentration),
- **Noradrenalinsynthese**,

2 Binde- und Stützgewebe

- **Serotoninsynthese**,
- Tetrahydrofolatsynthese,
- Carnitinsynthese,
- Reduktion von Methämoglobin zu Hämoglobin und
- Reduktion des Tocopherylradikals (Mithilfe beim Schutz der Membranlipide).

Ein Beispiel für eine gern gefragte, Vitamin C-abhängige Reaktion ist die **Hydroxylierung** von Prolin- (s. Abb. 50, S. 66) und Lysin-Resten im Rahmen der Kollagenbiosynthese. Diese Reaktion benötigt auch noch **α-Ketoglutarat**, O_2 und Fe^{2+}-**Ionen**.

Abb. 49: Hydroxyprolin   *medi-learn.de/6-bc4-49*

> **Übrigens ...**
> Wird zu wenig Vitamin C aufgenommen, kann sich eine Hypovitaminose entwickeln und bei starkem Mangel sogar das Krankheitsbild Skorbut auftreten. Ein leichter Vitamin C-Mangel äußert sich durch Abgeschlagenheit, Müdigkeit und Infektanfälligkeit. Beim Skorbut treten dagegen schwere Bindegewebsschäden durch die beeinträchtigte Kollagenbiosynthese auf, mit Knochenveränderungen, Zahnfleischbluten und Zahnausfall. Im Extremfall kann diese Erkrankung zum Tod führen.

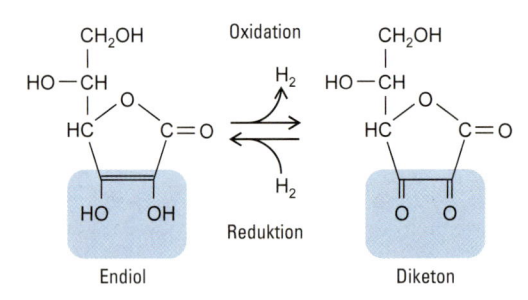

Abb. 50: Redoxsystem Vitamin C

medi-learn.de/6-bc4-50

2.1.2 Elastin

Das Protein Elastin ist verantwortlich für die elastischen Eigenschaften des Bindegewebes, u. a. der großen Arterien, der Stimmbänder, des Ligamentum flavum der Wirbelkörper, des Respirationstrakts und der Haut.

> **Übrigens ...**
> Beim **Marfan-Syndrom** findet sich ein molekularer Defekt des elastischen Proteins **Fibrillin**, das in der extrazellulären Matrix vorkommt. Bei Betroffenen führt dies zu überlangen Extremitäten, großer Körperlänge sowie häufig auch zu einer Verlagerung der Augenlinse und Aortenaneurysmen.

2.1.3 Proteoglykane und Glykosaminoglykane

Neben dem schon erwähnten Kollagen und dem Elastin enthalten die verschiedenen Binde- und Stützgewebe auch einen unterschiedlichen Anteil an Proteoglykanen. Proteoglykane bestehen aus einem relativ einfach aufgebauten Proteinanteil und langen Polysaccharidseitenketten – den **Glykosaminoglykanen** – die größtenteils aus repetitiven Disaccharideinheiten zusammen gesetzt sind. Die Glykosaminoglykanketten der Proteoglykane werden O-glykosidisch im endoplasmatischen Retikulum geknüpft. Viele dieser Glykosaminoglykane besitzen einen hohen Gehalt an negativ geladenen **Sulfat- und Carboxylat-Resten**, wodurch ein osmotisch bedingter Wassereinstrom resultiert und Gewebe wie die Haut und der Knorpel ihre Elastizität erhalten. Ein besonderes Glykosaminoglykan ist die sehr lange Hyaluronsäure, die zwar auch ein Disaccharid als Grundbaustein besitzt, jedoch ohne Proteinanteil auskommt.

Glykosaminoglykane bestehen aus Disaccharideinheiten, die 1,4-glykosidisch zu linearen Makromolekülen verknüpft sind:

- Das Glykosaminoglykan **Hyaluronsäure** besteht aus den Hexosen N-Acetylglucosamin und Glucuronsäure.
- Das Glykosaminoglykan **Chondroitinsulfat** besteht aus den Hexosen N-Acetylgalaktosamin und Glucuronsäure.

Zur Ausbildung eines komplexen dreidimensionalen Netzwerks der extrazellulären Matrix lagern sich – je nach Gewebeart – unterschiedliche Anteile von Proteoglykanen und Hyaluronsäure mit Kollagenen und Elastin zusammen. Hierbei kommt es zu Wechselwirkungen zwischen den positiv geladenen Aminosäureresten der Kollagen- sowie Elastinfasern und den negativen Ladungen der Proteoglykane.

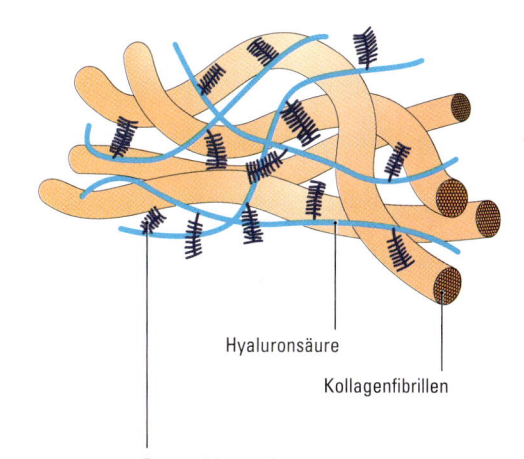

Abb. 51: Extrazelluläre Matrix der Bindegewebe

medi-learn.de/6-bc4-51

> **Merke!**
>
> Je höher der Anteil an Kollagenfasern in der extrazellulären Matrix, desto straffer und zugfester ist das Bindegewebe.

2.1.4 Exkurs Keratin

Keratine gehören als Intermediärfilamente neben den Mikrotubuli und den Mikrofilamenten zu den strukturellen Komponenten des Zytoskeletts einer eukaryotischen Zelle – und zählen somit nicht zur extrazellulären Matrix. Als fibrilläres Protein besitzen sie einen hohen Anteil an Cystein und sind in der Lage zahlreiche Disulfidbrücken auszubilden. Als Hauptbestandteil von Haaren und Hornsubstanzen ist es für deren Härte und Dehnbarkeit verantwortlich.

Übrigens ...
Bei der **Epidermolysis bullosa simplex** findet sich nach einer Punktmutation in der Aminosäurekette ein Prolin anstelle eines Leucins, wodurch die Aneinanderlagerung der Helices gestört ist. Schon bei geringer mechanischer Belastung der Epidermis kommt es daher zur Blasenbildung.

2 Binde- und Stützgewebe

In den Epithelzellen liegen vor der Verhornung die α-Keratine (Cytokeratine) als locker organisierte Keratinfilamente vor. Derzeit sind ca. 20 Cytokeratinproteine mit komplexem Verteilungsmuster in den verschiedenen Epithelzellen bekannt. Dieses typische Verteilungsmuster kann im Rahmen einer pathologischen Diagnostik ausgenutzt werden, um die Herkunft von Tumormetastasen bei fehlendem Primärtumor zu bestimmen (Plattenepithel-, pulmonales Adeno-, Mamma-, Urothel-, Ovarialkarzinome u.v.m.).

2.2 Knorpelgewebe

Das Knorpelgewebe wird durch Chondroblasten und Chondrozyten aufgebaut und besteht vor allem aus dem fibrillären **Kollagen Typ II**, aus dem knorpelspezifischen Proteoglykan **Aggrecan** und aus den langen **Hyaluronsäure-Ketten** (analog zu Abb. 48 b, S. 65). Beim Aggrecan handelt es sich um einen relativ einfach aufgebauten Proteinanteil mit speziellen Glykosaminoglykan-Seitenketten aus Keratansulfat und Chondroitinsulfat. Als dreidimensionales Netzwerk bildet sich hieraus das wässrig-elastische Kompartiment des Knorpels.

2.3 Knochengewebe

Knochengewebe ist ein hochdifferenziertes Stützgewebe, das als wichtiger Calcium- und Phosphatspeicher mit dem Extrazellulärraum im Gleichgewicht steht. Zu ca. 70 % besteht der Knochen aus Calcium-Hydroxylapatit und zu ca. 20 % aus dem fibrillären Kollagen Typ I. Auch das Knochengewebe des Erwachsenen unterliegt einem ständigen Auf- und Abbau, was als remodeling bezeichnet wird. Die Erneuerung bestehenden Knochens beginnt immer mit Knochenabbau: Durch die Hormone **Parathormon**, **1,25-Dihydroxycholecalciferol** und **Interleukin-1** werden **Osteoblasten** aktiviert. Aktivierte Osteoblasten sezernieren ihrerseits die Wachstumsfaktoren **M-CSF** (**M**akrophagenaktivierender **c**olony **s**timulation **f**actor) und **RANKL** (**r**eceptor **a**ctivator of **n**uklear-factor-κ-B ligand), die eine Differenzierung von Makrophagen zu **Osteoklasten** (mehrkernige Riesenzellen) bewirken. RANKL – momentan ein Physi-

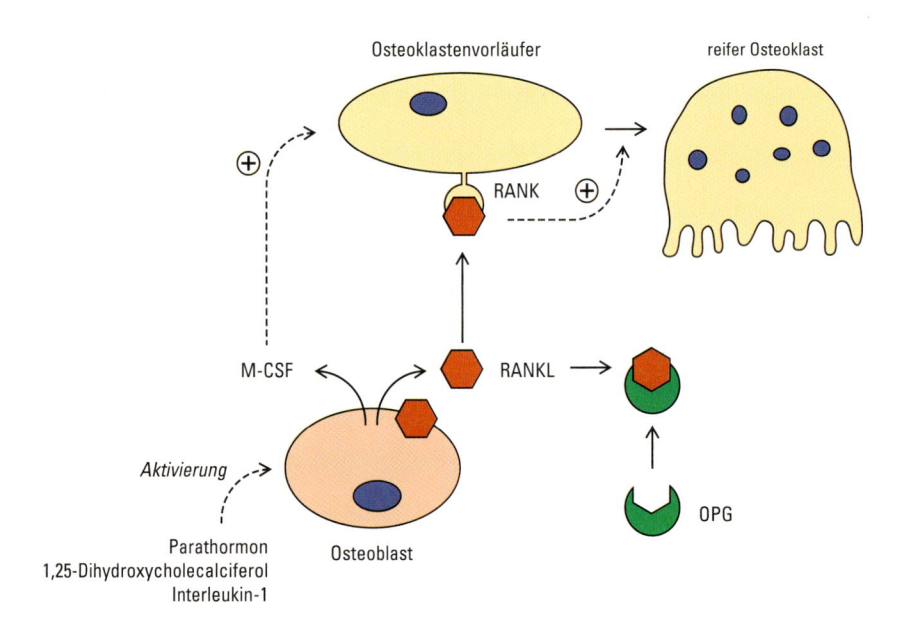

Abb. 52: Aktivierung der Osteoklasten

medi-learn.de/6-bc4-52

kumsliebling – ist Mitglied der tumor-necrosis factor (TNF)-Superfamilie, wird von Osteoblasten und Stromazellen gebildet und existiert in einer membrangebundenen und einer löslichen Form. Durch die Bindung von RANKL an seinen spezifischen Rezeptor RANK, der sich auf Osteoklastenvorläufern (Progenitorzellen) und Osteoklasten befindet, kommt es zur Auslösung einer Signalkaskade und Aktivierung von Transkriptionsfaktoren wie dem **NF-κB** – einem sehr wichtigen Transkriptionsfaktor. Die Hauptwirkung von RANKL ist die Auslösung der Differenzierung, der Proliferation und des verlängerten Überlebens von Osteoklasten, was zu einer Zunahme der Knochenresorption führt. Ein Gegenspieler von RANKL ist das von Osteoblasten sezernierte Protein **Osteoprotegerin** (OPG), ein löslicher Rezeptor, der RANKL bindet und dessen biologische Wirkungen neutralisiert.

> **Merke!**
>
> RANKL aktiviert durch seine Bindung an den RANK-Rezeptor Osteoklasten und bewirkt die Induktion der Knochenresorption.

> **Übrigens …**
> Ein ausgewogenes **RANKL/OPG-Verhältnis** ist für das Gleichgewicht zwischen Knochenaufbau und Knochenabbau unabdingbar. Störungen dieses Gleichgewichts tragen zur Pathogenese verschiedener Knochenerkrankungen bei. Sowohl bei der postmenopausalen als auch der glucocorticoidinduzierten Osteoporose findet man ein Überwiegen von RANKL. Zudem spielen diese Faktoren bei Knochenmetastasen solider Tumoren eine Rolle.

Aktivierte Osteoklasten sezernieren Protonen und lysosomale Proteasen wie das **Kathepsin** und die **saure Phosphatase** und resorbieren die Knochensubstanz in Form von Lakunen. Die frei werdenden Calcium-Ionen werden von den Osteoklasten aufgenommen und in die Extrazellulärräume transportiert. Beim Erreichen einer Resorptionstiefe von ca. 70 μm sistiert die Aktivität der Osteoklasten und sie aktivieren durch Sekretion von **Kopplungsfaktoren** die Osteoblasten, bevor sie in den programmierten Zelltod – die **Apoptose** – eintreten.

Osteoblasten füllen dann durch Synthese von Kollagen und Proteoglykanen die Lakunen auf. Später lagern sich an diese als **Osteoid** bezeichnete extrazelluläre Matrix dann Calcium- und Phosphat-Ionen zu **Hydroxylapatit** an. Die Osteoblastenaktivierung erfolgt darüber hinaus auch durch Östrogene, Wachstumshormone und durch mechanische Reize.

> **Übrigens …**
> Bei der als „Glasknochenkrankheit" bekannten **Osteogenesis imperfecta**, liegt eine Punktmutation in den Genen der Proteinketten des Typ-I-Kollagens vor. Hierdurch kommt es zu einem Austausch der Aminosäure Glycin durch Serin mit nachfolgender Störung der Tripelhelixbildung.

DAS BRINGT PUNKTE

Gerade zum Thema **Gentechnologie** wurden in den letzten Jahren im Physikum zunehmend Fragen gestellt. Deshalb solltest du dir unbedingt merken, dass
- Restriktionsendonukleasen nur in Bakterien vorkommen und dort eingedrungene, fremde Bakteriophagen-DNA spalten und so die Bakterien schützen,
- Plasmide bakterielle ringförmige, doppelsträngige DNA-Abschnitte sind,
- Plasmide Gene für Antibiotikaresistenzen beinhalten und übertragen können,
- mit der PCR spezifische DNA-Abschnitte verdoppelt werden können,
- die taq-Polymerase für die PCR eingesetzt wird und
- durch den Einbau einer cDNA (komplementäre DNA) in ein Plasmid ein rekombiniertes Plasmid entsteht.

Zum Thema **Retroviren** solltest du wissen, dass
- Retroviren eine einsträngige RNA, virale Onkogene und eine reverse Transkriptase besitzen,
- Retroviren ihre provirale DNA ins Wirtszellgenom integrieren und als Vektoren (Genfähren) in der Gentherapie eingesetzt werden,
- Retroviren durch Nukleosidanaloga wie Azidothymidin hemmbar sind,
- die reverse Transkriptase aus viraler RNA komplementäre DNA (cDNA) herstellt und
- die reverse Transkriptase die RNA-abhängige DNA-Synthese, den RNA-Abbau und die DNA-abhängige DNA-Synthese durchführt.

Aus dem wichtigen Themengebiet der **Onkogene** solltest du dir merken, dass
- Protoonkogene wichtig für die normale menschliche Entwicklung sind,
- Onkogene und Protoonkogene für die gleichen Genprodukte kodieren,
- virale Onkogene an jeder Stelle des menschlichen Genoms eingebaut werden können, somit unkontrollierbar sind und Krebs auslösen können.

Zum Thema **Kollagen** solltest du dir merken, dass
- jede dritte Aminosäure Glycin ist und an Glycin die Proteinkette abknicken kann,
- Prokollagene intrazellulär synthetisiert werden und linksgängige Kollagen-α-Helices ausbilden,
- drei Prokollagene sich zu einer Tripelhelix zusammenlagern,
- an Prolin- und Lysin-Resten Hydroxylierungen stattfinden,
- an Hydroxylysine O-glykosidisch Zucker angelagert werden,
- die Tripelhelix aus der Zelle ausgeschleust wird und
- mehrere Tripelhelices sich zu einer Kollagenmonofibrille zusammenlagern.

Zum **Vitamin C** solltest du dir merken, dass
- die Hydroxylierung von Prolin in Kollagen von Vitamin C, α-Ketoglutarat, O_2 und Fe^{2+}-Ionen abhängig ist.

Zum Thema **Proteoglykane** und **Glykosaminoglykane** solltest du dir merken, dass
- Proteoglykane Wasser und Kationen binden, weil sie aus Uronsäuren und Aminozuckern aufgebaut sind,
- Proteoglykane dem Knorpel durch einen hohen Gehalt an negativ geladenen Sulfat- und Carboxylat-Resten mit dem hieraus resultierenden Anziehen von Gegen-Ionen und dem osmotisch bedingten Wassereinstrom seine Druckelastizität verleihen und
- Hyaluronidase die Hyaluronsäure an glykosidischen Bindungen aufspaltet.

DAS BRINGT PUNKTE

Zum Thema **Knorpel-** und **Knochengewebe** solltest du dir merken, dass
- Osteoklasten die Knochensubstanz bei saurem pH-Wert und unter Beteiligung lysosomaler Proteinase resorbieren,
- Osteoklasten durch Bindung von RANKL an RANK aktiviert werden,
- Osteoklasten Kathepsin sezernieren,
- die Osteogenesis imperfecta (die Glasknochenkrankheit) auf einer Punktmutation im Gen der Kette des Typ-I-Kollagens beruht und es dabei zum Austausch der Aminosäure Glycin durch Serin kommt.
- im Knorpel als Hauptproteoglykan das Aggrecan vorkommt, das zum großen Teil aus Chondroitinsulfat besteht.

FÜRS MÜNDLICHE

Was die Gentechnologie betrifft, so solltest du unbedingt in die jeweiligen Praktikumsskripte der Uni hineinschauen und die dort dargestellten gentechnischen Methoden (z. B. PCR, Gelelektrophorese, Blotting-Verfahren) so lernen, dass sie mündlich wiedergegeben werden können.
Um in der Mündlichen gut abzuschneiden, solltest du folgende Fragen beantworten können:

1. Welche Blotting-Verfahren kennen Sie?

2. Bitte erklären Sie, was Restriktionsendonukleasen (RE) sind und wo sie sich aufspalten. Zeichnen Sie ein beliebiges Schnittende auf.

3. Erläutern Sie den Ablauf einer PCR und nennen Sie Anwendungsbeispiele.

4. Bitte erklären Sie, was Onkogene sind. Nennen Sie mir bitte einige.

5. Bitte erklären Sie, was die Struktur des Kollagenmoleküls ist und wie sie stabilisiert wird.

6. Erläutern Sie bitte die Rolle des Vitamin C bei der Kollagensynthese.

---

1. Welche Blotting-Verfahren kennen Sie?
- Western Blot für Proteine
- Southern Blot für DNA
- Northern Blot für RNA

2. Bitte erklären Sie, was Restriktionsendonukleasen (RE) sind und wo sie sich aufspalten. Zeichnen Sie ein beliebiges Schnittende auf.
RE kommen in der Natur nur in Bakterien vor und schneiden an sequenzspezifischen Stellen (Palindromen) artfremde DNA auf, die von Bakteriophagen eingeschleust wurde. Sie erzeugen sticky ends und blunt ends. Sticky ends können sich im Gegensatz zu blunt ends wieder spontan zusammenlagern.

Wird ein Palindrom auf beiden komplementären Einzelsträngen abgelesen, so ergibt es den gleichen Sinn – hier GAATTC.
Die Angriffsstellen einer RE am Palindrom:

↓
GAATTC
CTTAAG
↑

Sticky ends heißen die entstehenden Einzelstrang-Abschnitte: AATT und TTAA.

3. Erläutern Sie den Ablauf einer PCR und nennen Sie Anwendungsbeispiele.
Eine PCR vervielfältigt komplementäre DNA-Abschnitte. Dazu wird benötigt: DNA-Ab-

FÜRS MÜNDLICHE

schnitt, passende Primer, die vier Desoxynukleotide, die DNA-Polymerase und das Gerät – der Cycler.
1. Denaturierung der DNA (bei 95 °C)
2. Annealing = Anlagerung der Primer (bei etwa 55 °C)
3. Elongation = Synthesephase des komplementären Strangs (bei 72 °C) durch die taq-Polymerase
4. Wiederholung etwa 20- bis 40-mal
5. Anwendung z. B. in der Diagnostik, bei HIV-Infektionen und Hepatitis C zum Nachweis von spezifischen Nukleinsäuren dieser Viren.

4. Bitte erklären Sie, was Onkogene sind. Nennen Sie mir bitte einige.
Protoonkogene sind für die normale Entwicklung und das Wachstum des Menschen unabkömmlich und werden deshalb sehr stark reguliert.
Virale Onkogene kodieren für dieselben Genprodukte, werden aber einfach irgendwo im Genom eingebaut und produzieren unkontrolliert Genprodukte. Solche Genprodukte können z. B. GTP-bindende Proteine → ras, DNA-bindende Proteine → myc oder Tumorsuppressoren → p53 sein.

5. Bitte erklären Sie, was die Struktur des Kollagenmoleküls ist und wie sie stabilisiert wird.
Peptidketten aus Aminosäureketten Glycin–X–Y bilden Kollagen-α-Helices, die Prokollagene. Drei Prokollagene bilden intrazellulär eine Tripelhelix. Extrazellulär werden von der Tripelhelix die jeweiligen Propeptide abgespalten (Kollagenmonomer). Mehrere Kollagenmonomere werden quervernetzt und bilden eine der rund 19 Kollagenklassen.

6. Erläutern Sie bitte die Rolle des Vitamin C bei der Kollagensynthese.
Vitamin C spielt eine wichtige Rolle bei der Hydroxylierung von Prolin und Lysin. Gleichzeitig werden dazu noch α-Ketoglutarat, O_2 und Fe^{2+}-Ionen benötigt. Ohne die OH-Gruppe gäbe es weniger Wasserstoffbrückenbindungen zwischen den einzelnen Ketten und somit auch weniger Stabilität und Festigkeit im Bindegewebe. Folgen: Zahnfleischblutungen, Zahnausfall und Knochenveränderungen – der Skorbut.

Pause

Geschafft! Hier noch ein kleiner Cartoon als Belohnung ...

Index

Symbole
2´,5´-Phosphodiesterbindung 37, 52
3´-OH-Ende 16
5´-3´-Exonuklease 30
5-Fluoruracil 21, 23
5´-Phosphat-Ende 16, 30
5-Phosphoribosylamin 10
α-5-Phosphoribosyl-1-Pyrophosphat 5
α-Amanitin 37, 41, 52
α-Doppelhelix 18
α-D-Ribose-5-Phosphat 5
α-Ketoglutarat 62

A
Aciclovir 33
Actinomycin D 32, 41, 52
Acyclo-GTP 33
Acycloguanosin 60
Adenin 12, 16
Adeninphosphoribosyltransferase 12
Adenosindesaminase 13
Adenylosuccinat 10
Akzeptorstelle 45, 53
Allopurinol 15, 21
Aminoacyl-AMP 44
Aminoacyl-tRNA 44
Aminoacyl-tRNA-Synthetase 44, 56
Aminoform 21
Aminopterin 8, 21, 23
AMP (Adenosinmonophosphat) 10, 12
Antibiotikum 33, 41
Anticodon 43, 52
Apoptose 26, 69
Atomherkunft 6, 12
ATP-abhängige CTP-Synthetase 6
Azidothymidin 60

B
Bakteriophagen 57, 70, 71
Basenpaarung 16, 21
Basentriplett 41
Bax 29
Binde- und Stützgewebe 62
Bindungen 37, 44
– 2´,5´-Phosphodiesterbindung 37
– Esterbindung 44
– Peptidbindung 45
– Säureanhydridbindung 5

C
CAP-Snatching 36
Cap-Struktur 35, 52, 55
Carbamoylaspartat 5
Carbamoylphosphat 5
Carbamoylphosphat-Synthetase II 5
cDNA 19, 59, 70
Chargaff 17
Chloramphenicol 51
Chondroblasten 68
Chondroitinsulfat 68
Chromatin 19, 22, 24
Codon 41, 55
complementary DNA 59
CTP (Cytidintriphosphat) 5, 6
Cytosinarabinosid 32

D
Desaminierung 54
Desoxyformen 21
Desoxynukleosidtriphosphate 57
Desoxyribonukleotidtriphosphate 29
Desoxyribose 2, 15
– Synthese 15
Dihydrofolat 6, 21
Dihydrofolat-Reduktase 6, 21, 23
Diphtherietoxin 51, 53
DNA 1, 29
– mtDNA 19
DNA-Doppelhelix 18, 21
DNA-Ligase 30, 37, 54
DNA-Polymerase 29, 57, 72
– DNA-Polymerase α 31
– DNA-Polymerase γ 31
DNA-Polymerase I 30, 54
DNA-Polymerase III 30, 54
DNA/RNA-Hybridisierung 52
DNasen 13
dTMP (Desoxy-Thymidinmonophosphat) 5, 6, 21
dUMP 21

E

eEF-2 45, 51
Elastin 62, 66
Elongation 35, 55
– Translokation 45
Enhancer 38, 52
Epidermolysis bullosa simplex 67
Erythromycin 51
Esterbindung 2, 21, 23, 44
eukaryontischer Releasingfaktor 48
Exons 37, 52
Exonuklease 54
Exportproteine 49
Export- und Membranproteine 40, 49

F

FAD 21
Fluoruracil (5FU) 8
Folgestrang 30, 54
Folsäure 6, 21, 23
freies 3´-OH-Ende 29

G

Galaktose- und Glykosylgalaktose-Reste 62
Gelelektrophorese 58
genetischer Code 41
Gentechnologie 57, 70
Gicht 15
Glutamin-Phosphoribosyl-Amidotransferase 10
Glycin 6, 62
Glykosaminoglykane 62, 67
GMP (Guanosinmonophosphat) 10, 12, 21
Guanin 12, 21
Gyrasen 29, 52

H

haploider Chromosomensatz 24
Harnsäure 13, 21, 24
Harnstoffzyklus 5
Helicasen 30, 35
HGPRT 21
Histidin 22
Histone 19, 20, 22
– Acetylierung 19
Histon-Oktamer 24
HIV-Integrase 60

HIV-Protease 60
hnRNA 19, 35
– Processing 35
Hormonrezeptoren 38
Hyaluronsäure 67
Hydroxyharnstoff 32
Hydroxylapatit 69
Hydroxylierung 62, 65, 70
Hydroxylysin 62
Hydroxyprolin 62
Hyperurikämie (Gicht) 15, 21
Hypoxanthin 21
Hypoxanthin-Guanin-Phosphoribosyltransferase (HGPRT) 12

I

IMP (Inosinmonophosphat) 10, 21
Initiation 35, 55
– Initiationskomplex 44
Intron-Lasso-Struktur 37
Introns 52

K

Kathepsin 69
Keratansulfat 68
Keratin 67
Ketoform 17, 21
Kettenschluss 54
Knollenblätterpilz 37
Kohlenstoff-Donator 9
Kollagen 62
Kollagenmonomere 64

L

Lac-Operon 39
Lactam-Form 18
Lassostruktur 52
Leitstrang 30, 54
Leucin-Zipper-Proteine 39

M

Matrix-Metalloproteinasen 65
Methotrexat (MTX) 8, 21, 23
Methylen-Tetrahydrofolat 6, 21
Methyltetrahydrofolat 23
Mikrofibrillen 64
Mitomycin 32, 41

mRNA 19
mtDNA 19
Mukoviszidose 55

N
NADP⁺ 15, 21
Neuralrohrdefekte 10, 23
N-glykosidische Bindung 2, 13, 21, 24
Nonsens-Codons 41
Nonsense-Mutation 48
Northern Blot 58
Nukleinsäure 15
nukleophiler Angriff 45, 56
Nukleoside 2, 22
– Struktur 22
Nukleosidphosphorylase 13
Nukleosomen 20, 24
Nukleotide 1, 13, 21, 22
– Abbau 13
– Aufbau 21
– Ausscheidung 13
– Struktur 2, 22

O
Okazaki-Fragmente 30, 54
OMP (= Orotidinmonophosphat) 5
Onkogene 60, 70
Operon 39
Orotat 5
Osteogenesis imperfecta 69
Osteoid 69
Oxidationsschutz 65

P
p53 27, 72
Palindrom 57, 71
PCR (polymerase chain reaction) 57, 70
Penicillin G 58
Pentose 2, 21
Pentosephosphatweg 5
Peptidbindung 45
Peptidylstelle 45
Phosphorsäureanhydrid-Bindungen 2, 21, 23
Phosphorsäurediesterbindungen 15
Pilzgift 40
Plasmide 58, 70
Plasmidvektor 58

Poly-AMP-Schwanz 35, 52
Polyklonierungsstelle 58
Polymerase α 31
Polymerase γ 31
posttranslationale Modifikationen 48
– Export- und Membranprotein 40, 49
Präproinsulin 50
Prä-Prokollagen 62
Präpropeptid 53
Primase 29, 54
Primer 57
Processing 35
Prokollagene 62, 70
Prolin 62, 70
Promotor 38
Promotorregion 35
Proteinbiosynthese 35, 43
Proteine 41
– Export- und Membranproteine 40, 48
– zytoplasmatische Proteine 40
Proteoglykane 62, 67
Protoonkogene 60, 70
PRPP 5, 12, 23
Punktmutation 55
Purin 2
– Purin-Derivate 3
Purin-Basen 10, 12, 13, 21
– Abbau 13, 21
– Atomherkunft 12
– Recyclingsystem (salvage pathway) 12
– Synthese 10
Puromycin 51, 53
Pyrimidin 2, 13
– Abbau 13
– Pyrimidin-Derivate 3
Pyrimidin-Basen 5, 21
– Synthese 5, 21
Pyrimidin-Ring 21
– Atomherkunft 6, 21

R
RANKL 69
Ras 61
Recodierung 42
Recyclingsystem (salvage pathway) 12
Registerpeptid 62
Replikation 29, 32, 52, 54

Index

– Mechanismus 29
Replikationsgabel 30
Restriktionsendonuklease 57, 70, 71
Retroviren 59
reverse Transkriptase 59
– complementary DNA 59
Ribonukleotidreduktase 15, 21
Ribose 2
Ribosomen 43
Ribozyme 53
Rifampicin 41, 52
RNA-Polymerase 37
RNA-Polymerase II 37
RNA-Polymerase III 37
RNA-Primer 54
RNasen 13
rRNA 19

S

saure Phosphatase 69
SCID (severe combined immunodeficiency) 15
Selenocystein 41
semikonservative Verdopplung 29
Serin 6
Signalpeptidase 50, 53
Signalpeptid (S) 49, 53, 62
Signal Recognition Particle (SRP) 49
Silencer 55
Skorbut 66
snRNA 19, 37
snRNP 37
Southern Blot 58
Spleißen 37, 52
Spleißosom 37
Starter-Methionin-tRNA 44
Steroidhormonsynthese 65
Steroidrezeptoren 39
Stickstoff-Donatoren 12, 21
sticky ends 57
Stop-Codons 48, 53
Streptomycin 51, 53
Strukturisomerie 18
Sulfonamid 9
Superhelices 18, 54
Superspiralisierung 22

T

taq-Polymerase 58, 70
TATA-Box 55
Tautomerie 18
Telomerase 32
Telomere 32
Template 57
Termination 35
Tetracyclin 51
Tetrahydrofolat 21
Thioredoxin 15, 21
Thymidylat-Synthase 6, 21
Thymin 16
Thymindimere 54
Topoisomerase 18, 22, 35, 52
transfer-RNA 43
Transkription 35, 40
– Hemmstoffe 40
– Mechanismus 35
Transkriptionskomplexe 35
Translation 40, 44, 45, 48, 51, 52, 56
– Hemmstoffe 51
– Mechanismus 44
Translokation 45
Tripelhelix 62, 70
tRNA 19, 43
Tumorerkrankungen 9

U

Umesterungsreaktionen 37
UMP (= Uridinmonophosphat) 5
Uracil 16

V

virale Onkogene 59
Virostatikum 34
Vitamin C 62
Vitamin Folsäure 6

W

Wasserstoffbrückenbindung 16, 17, 24
Western Blot 58

X

Xanthin 13, 21
Xanthinoxydase 13, 21
Xanthin- und Hypoxanthinurie 21

XMP (Xanthosinmonophosphat) 10

Z
Zellzyklus 26
Zigarettenrauch 54
Zinkfingerelemente 38, 52
Zink-Ion 38
zytoplasmatische Proteine 40
Zytostatika 33, 40

Feedback

Deine Meinung ist gefragt!

Es ist erstaunlich, was das menschliche Gehirn an Informationen erfassen kann. Slbest wnen kilene Fleher in eenim Txet entlheatn snid, so knnsat du die eignetlchie lofnrmotian deoncnh vershteen – so wie in dsieem Text heir.

Wir heabn die Srkitpe mecrfhah sehr sogrtfältg güpreft, aber vilcheliet hat auch uesnr Girehn – so wie deenis grdaee – unbeswust Fheler übresehne. Um in der Zuuknft noch bsseer zu wrdeen, bttein wir dich dhear um deine Mtiilhfe.

Sag uns, was dir aufgefallen ist, ob wir Stolpersteine übersehen haben oder ggf. Formulierungen verbessern sollten. Darüber hinaus freuen wir uns natürlich auch über positive Rückmeldungen aus der Leserschaft.

Deine Mithilfe ist für uns sehr wertvoll und wir möchten dein Engagement belohnen: Unter allen Rückmeldungen verlosen wir einmal im Semester Fachbücher im Wert von 250 Euro. Die Gewinner werden auf der Webseite von MEDI-LEARN unter www.medi-learn.de bekannt gegeben.

Schick deine Rückmeldung einfach per E-Mail an support@medi-learn.de oder trag sie im Internet in ein spezielles Formular für Rückmeldungen ein, das du unter der folgenden Adresse findest:

www.medi-learn.de/rueckmeldungen